byanjushka

Anja Romaniszyn

Einfach Glücklich Vegan

Über 60 Wohlfühl-Rezepte für Körper und Seele

INHALT

VORWORT

Kochen und Essen – das sind Themen, die schon immer einen großen Stellenwert in meiner Familie hatten, damit bin ich aufgewachsen. Ich habe polnische Wurzeln und wer die polnische Küche kennt, der weiß: Es wird gerne groß und reichlich aufgetischt, egal ob deftig oder süß! Gerade auch durch meine Mutter wurden mir viele der traditionellen Gerichte zugänglich gemacht. Kennt ihr zum Beispiel Piroggen? So nennen wir in Polen gefüllte Teigtaschen – eine der vielen Speisen, die ich sehr mit meiner Kindheit verbinde.

Aber veganes Essen? Das war zu keinem Zeitpunkt auch nur vorstellbar, denn gerade viele der traditionellen Gerichte beinhalten Eier, Milchprodukte und natürlich auch Fleisch. Den Begriff „vegan“ habe ich zu diesem Zeitpunkt ausschließlich mit Verzicht verbunden. Wie viele andere habe auch ich mich gefragt: „Was kann man dann überhaupt noch essen?“. Ich war überzeugt, dass ich niemals vegan essen könnte. Das war kein Teil meiner Welt oder der meiner Familie.

Im Laufe der Zeit hat sich diese Welt aber verändert und es gab eine Zeit in meinem Leben, in der mir die Freude und Leichtigkeit am Essen verloren ging. Für mich endete dies in einer Essstörung. Meinen Weg zurück habe ich unter anderem dadurch gefunden, dass ich meine Gedanken über meinen Instagram-Account mit vielen da draußen teilen konnte und später dann auch über meinen Blog „byanjushka“.

Hier bekam ich die Inspiration, neue Wege zu gehen und andere Dinge auszuprobieren. Verlockende Bilder von tollen veganen Gerichten haben mir das Interesse am Essen zurückgegeben. Meine Neugierde war geweckt und ich wollte diese Art des Kochens und Backens selbst ausprobieren. Nun, ein paar Jahre später, entwickle ich selbst Rezepte, teile sie mit meiner Community und nun auch mit dir.

Dass ich nun selbst die Möglichkeit habe, Gedanken und Rezepte zu teilen, macht mich sehr glücklich. Meine Intention hinter „byanjushka“ war schon immer, Menschen auf unterschiedlichen Ebenen zu inspirieren und weiterzugeben, was ich auf meiner Reise bisher gelernt habe. Ich bin für diese Plattform sehr, sehr dankbar und so möchte ich mit diesem Buch eine weitere Inspirationsquelle schaffen, denn Kochen bietet die wunderbare Gelegenheit, sich Atempausen im Alltag zu verschaffen.

Ich freue mich, dass du da bist und mit mir diese neue Reise beginnst.

Anja

ÜBER DIESES BUCH

Mein erstes Kochbuch. Wow!

Dieses Buch ist durch das Feedback aus Mails, Blog-Kommentaren und Instagram-Nachrichten meiner Community entstanden. Vielleicht auch durch dich. Das Feedback von Menschen, die sich bereits vegan ernähren oder sich zum ersten Mal an eine vegane Ernährung herantasten und bei den Rezepten überrascht feststellen: „Wow! Das ist vegan?" oder „Und da ist kein Ei drin?" haben mich zur Umsetzung bewegt.

Ich freue mich, über das Kochbuch etwas an meine Community weitergeben zu können, das fernab von Computer und Handy besteht und etwas ist, das einfach ein Bestandteil der Küche ist.

Das Feedback kommt aber auch von Menschen, die ähnlich wie ich damals die Leidenschaft, Leichtigkeit und Unbeschwertheit im Umgang mit Essen wiederfinden möchten. Denn darum geht es in diesem Kochbuch: Vegane Wohlfühl-Rezepte für Körper und Seele.

Ich teile hier also meine Lieblingsrezepte mit dir – Rezepte, die mich und hoffentlich auch dich glücklich machen! Es sind Rezepte für jede Gelegenheit, die nicht nur schmecken, sondern auch einfach und ohne großen Aufwand zubereitet sind. Ein Aspekt, der mir wichtig ist, denn nicht immer hat man die Möglichkeit, viel Zeit in der Küche zu verbringen. Einfach heißt in diesem Kochbuch aber nicht langweilig. Ich liebe es, bekannte Klassiker oder Gerichte aus meiner Kindheit neu zu interpretieren und vegane Varianten davon zu erstellen – und das ganz unkompliziert. Ich finde es auch wichtig, dass die Rezepte ohne eine ewig lange Zutatenliste auskommen und vor allem auch ohne die zahlreichen Ersatzprodukte, die vielleicht noch schwer zu finden sind.

Viele der Rezepte sind also innerhalb weniger Minuten gekocht und nur aus einer Handvoll Zutaten gemacht. Andere Rezepte sind perfekt für einen gemütlichen Kochabend, an dem du etwas mehr Zeit für die Zubereitung hast. Aber eines haben alle Rezepte gemeinsam: Sie sind lecker!

Jedes Rezept spiegelt meinen persönlichen Geschmack wider. Ich liebe zahlreiche und bunte Toppings auf meinen Gerichten, experimentiere gerne mit Gewürzen und Kräutern und richte mein Essen liebend gern hübsch an. Das bereitet mir Freude. Und genau darum geht es. Verändere die Rezepte also gerne auch nach deinem Geschmack. Zu Beginn kann es aber sicher hilfreich sein, sich genauer an die Rezepte zu halten, damit das Ergebnis auch gelingt und man ein Erfolgserlebnis hat.

Die Rezepte sind in verschiedene Kapitel für jede Gelegenheit unterteilt, sodass du, egal für welchen Anlass, auf leckere Rezepte zurückgreifen kannst.

Mit dem Kapitel „Frühstück und Brunch" kannst du mit viel Energie in den Tag starten. Von süß bis herzhaft, vom Schokoladen-Zimt-Porridge zu deftigen Gemüseomeletts, alles ist dabei.

Im Kapitel „Schnell und Einfach“ findest du leckere Blitzrezepte, die nur zwischen zehn und dreißig Minuten dauern, wie Spaghetti in cremiger Tomatensoße oder ein Dal aus roten Linsen. Genau für die Augenblicke, in denen man wenig Zeit hat, aber trotzdem gesund und lecker essen möchte.

Mit dem Kapitel „Gemütlich Kochen“ kannst du dir Zeit nehmen, egal ob alleine oder zum Kochen mit Freunden. Hier gibt es die aus Polen bekannten Piroggen (Teigtaschen) oder auch ein indisches Kokos-Blumenkohl-Curry.

Das Kapitel „Salate, Beilagen und Dips“ bietet Beilagen oder Ideen für die nächste Grillparty: Bulgursalat, würzige Ofen-Wedges oder BBQ-Blumenkohlwings mit Dip.

Das letzte Kapitel „Desserts und süße Snacks“ widmet sich dem Nachtisch, den kleinen Leckerein für Zwischendurch und zeigt, wie man für jeden Anlass vegan backen kann.

Ich hoffe, dass du in diesem Buch, egal zu welchem Anlass, neue Lieblingsrezepte für dich und deine Lieben finden wirst und du so glückliche Momente schaffen kannst.

Ich bin schon auf dein Feedback gespannt!

Über die Rezepte hinaus teile ich meine Tipps und Tricks für eine vegane Küche mit dir, um dir den Einstieg in die vegane Ernährung zu erleichtern. Davor möchte ich in den nächsten Kapiteln meine ganz persönliche Geschichte mit dir teilen. Kochen und backen waren, im Gegensatz zu heute, nicht immer ein positiver Teil meines Lebens.

Wer ich bin und wie meine Leidenschaft und die Freude am Kochen und Backen entstanden sind, möchte ich dir erzählen.

HI, ICH BIN ANJA ALIAS BYANJUSHKA

...und hätte mir jemand vor 5 Jahren erzählt, dass ich heute als Bloggerin meine Zeit damit verbringe, vegane Rezepte zu teilen und meine ganz persönliche Geschichte zu erzählen, dann hätte ich es nicht geglaubt. Zu diesem Zeitpunkt war ich weder vegan noch gesund und glücklich.

Neben meinem Blog bin ich Studentin der Erziehungswissenschaften mit einer großen Leidenschaft fürs Schreiben, Kochen und Backen. Im Oktober 2015 habe ich meinen Instagram-Account byanjushka ins Leben gerufen. Herz des Ganzen ist mein polnischer Spitzname Anjushka. Zu Beginn war mir selbst nicht klar, wohin mich meine Reise führen wird. Ich habe einfach damit angefangen, meine Geschichte zu erzählen – eine Geschichte, in der das Thema Essen eine ganz andere Rolle spielte als heute. Der Anfang dieser Geschichte führte vier Jahre später sogar zu meinem gleichnamigen Blog (www.byanjushka.com), wo ich im Grunde genau dasselbe tue wie noch zu Beginn – nur gesund und glücklich. Und vegan!

All das, was nach dem Beginn meiner Social-Media-Reise passierte, kann ich bis heute noch immer nicht ganz glauben. Ich hätte nie geglaubt, dass wir mal so eine große Community werden und mir so viele Menschen täglich zuhören, meine Geschichte lesen oder Rezepte von mir nachkochen. Denn ich hätte auch nie gedacht, dass ich einmal kochen und backen kann – schon gar nicht vegan. Ich erinnere mich bis heute an den Abend vor meinem Auszug, wie ich völlig geschafft zwischen Umzugskartons gemeinsam mit meiner Mama auf dem Küchenboden saß und mir plötzlich bewusst wurde, dass ich gar nicht weiß, wie man überhaupt richtig kocht.

WIE IST ES ALSO DAZU GEKOMMEN?

Über Umwege. In meiner Jugend bin ich in eine Essstörung gerutscht.

Ein weiterer Punkt, den ich wohl zuvor für unmöglich gehalten und unterschätzt hatte. Immerhin habe ich immer mit viel Freude essen können. Diese Essstörung hielt einige Jahre an, bis ich 2015 für mich selbst erkannte: „So kann das nicht weitergehen.".

Neben therapeutischer Begleitung startete ich meinen Instagram-Account. Ich wusste nicht recht, wohin all das führen sollte oder was ich zu erwarten hatte. Ich habe einfach angefangen. Ich erzählte meine Geschichte und wie ich mich Schritt für Schritt aus der Essstörung kämpfte. Ich ließ mich von Menschen, aber auch von neuen Rezepten inspirieren. Ganz nach dem Motto „Learning by doing" habe ich gelernt, wie man kocht und dabei auch langsam wieder die Freude daran entdeckt.

Ein wichtiges Motto ist heute für mich: Wenn nicht jetzt, wann dann? Danach ver-

suche ich zu leben, weit weg von „Ich bin nicht bereit“ oder „Ich bin nicht gut genug“. Ich hoffe, dass ich auch dich damit inspirieren kann. Anfangen, anstatt auf den richtigen Moment zu warten – in allen Lebensbereichen. Auch in der Küche ;-).

Heute habe ich die Essstörung und andere Ängste hinter mir gelassen. Auf diesem Weg habe ich gelernt zu kochen und zu backen – aber auch, wieder mit Genuss zu essen und mit Spaß am Leben teilzunehmen. Unvorstellbares ist dabei wahr geworden. Und dazu zählt auch dieses Kochbuch. Ein Kochbuch, mit dem du hoffentlich genauso viel Freude haben wirst wie ich während des Erstellens des Buches.

EINFACH GLÜCKLICH WOHLFÜHLEN

Wie erwähnt litt ich als Jugendliche unter einer Essstörung und einer Depression.

Der Auslöser war, dass ich mich mit mir und dem Essen nicht wohlgefühlt habe. So gab es eine Zeit in meinem Leben, in der das Thema Essen zur größten Belastung wurde. Mit nur 16 Jahren habe ich meine erste Diät begonnen. Ich habe mir dadurch nicht nur einen Körper zum Wohlfühlen erhofft, sondern auch, mich endlich glücklich fühlen zu können. Ich habe geglaubt, dass die Diäten mir Erfolg, Glück und Ausstrahlung bringen werden.

Damals war ich überzeugt: Verzicht und Diäten sind der Schlüssel zu meinem Glück. Ich habe an die Versprechungen, die man überall über Diäten hört und sieht, geglaubt.

Ich verzichtete. Ich aß immer weniger und wurde immer dünner, doch vom Glücklichsein war ich noch immer sehr weit entfernt. Ich verzichtete nicht nur aufs Essen, sondern auch auf das, was das Leben lebenswert macht: Zeit mit Freunden zu verbringen, im Sommer an den See zu fahren und zu schwimmen, zu feiern, albern zu sein und am Ende des Tages bei tollen Gesprächen gemeinsam zu essen und zu trinken. Ich konnte nicht unbeschwert sein und so verzichtete ich darauf, das Leben mit allen Sinnen zu genießen. Ich geriet auf meiner Suche nach innerer Zufriedenheit und Wohlgefühl in eine Abwärtsspirale der Frustration.

Die Essstörung schlich sich in mein Leben, ohne dass ich es so recht wahrgenommen habe, und hat mich über viele Jahre gemeinsam mit innerer Leere, Selbstzweifeln, Verzweiflung und großen Ängsten vereinnahmt. Dabei geht es nicht allein um die Angst vor Essen. Ich habe mich als Wesen komplett abgelehnt, es übernimmt dein komplettes Leben und saugt dich leer, du hast keine Energie für das Leben da draußen. Ich war dadurch depressiv und gefühlskalt, weil nichts mehr wichtig war. Ich zog mich immer mehr zurück und war so unglücklich wie nie zuvor. Statt wie die schlanken und trainierten Stars voller Selbstbewusstsein in die Kamera zu strahlen, fühlte ich mich verloren, verunsichert und leer.

Kein Wohlfühlen, kein Selbstvertrauen, kein Selbstbewusstsein.

Als ich dann im Jahr 2015 erkannte, dass es so nicht weitergehen konnte, war das kein einfacher Weg. Mir haben professionelle Therapien geholfen, in denen ich auch viel über mich selbst lernte. Ich stellte fest, dass nicht unbedingt Essen das Problem war, sondern meine Beziehung zu mir selbst. Ich wollte glücklich sein und mich wohlfühlen und war davon ausgegangen, dass ein bestimmtes äußerliches Erscheinungsbild, erreicht über Diäten, mich dort hinführen würde. Doch ich stellte fest, dass sich der Wunsch nach Zufriedenheit und innerer Erfüllung in meinem Leben so nicht erreichen lässt.

Ich lernte, dass es darum geht, zu sich selbst und zu seinem Körper eine wertschätzende und liebevolle Beziehung aufzubauen. Wertschätzung bringt Fürsorge mit sich, und Essen ist Fürsorge für den eigenen Körper. Wer für sich selbst sorgt, dem sollten Spaß und Genuss beim Essen auch wichtig sein.

So schließt sich der Kreis: Denn genussvolles Essen bringt Glück ins Leben – auf vielen Ebenen. Es trägt dazu bei, sich lebendig, stark und energievoll zu fühlen und damit die Basis zu schaffen, um all die weiteren Dinge, die uns glücklich machen, tun zu können. Aufrichtiges und nachhaltiges Glück beginnt immer mit dir.

Dazu ist es wichtig, seinen eigenen Weg zu finden und dabei immer auf sein Herz zu hören – oder das Bauchgefühl ;-). Unser Herz und Bauch wissen oft so viel mehr, und manchmal braucht es Zeit, bis wir es selbst erkennen oder uns erlauben, darauf zu hören. Der Weg zu dir selbst passiert nicht von heute auf morgen und auch nicht innerhalb weniger Wochen. Der Weg zu dir selbst – mit allen Höhen und Tiefen, Herausforderungen und schmerzhaften Momenten – bedeutet, dich selbst kennenzulernen, zu befreien und über dich selbst hinauszuwachsen.

Ich bin heute am glücklichsten, wenn ich einfach Anja bin. Das bedeutet für mich zu wissen, dass ich selbst für mein Glück verantwortlich bin, dass ich mein Leben selbst in die Hand nehme, mich befreie von selbst auferlegten oder von außen stammenden Erwartungen. Es bedeutet, dass ich es nicht jedem recht mache. Es bedeutet, mein eigenes Leben zu leben und nicht das eines anderen.

EINFACH GLÜCKLICH VEGAN – MEIN WEG ZUR VEGANEN ERNÄHRUNG

Ich habe also gelernt, dass es wichtig ist, sich mit seiner Ernährung wohlzufühlen, um eine Basis für all das andere im Leben zu schaffen. Früher war ich davon überzeugt, dass eine vegane Ernährung nicht in das Konzept passt, es stand stellvertretend für viele Einschränkungen und viel Aufwand.

Ein wichtiger Aspekt auf meinem Weg zu einer glücklichen Ernährung war zu lernen, das Essen mit allen Sinnen zu genießen. Es sollte schmecken und Appetit erzeugen. Auf Instagram sah ich zum ersten Mal, wie vegane Ernährung aussehen kann. Meine Neugier war geweckt.

Meine ersten veganen Mahlzeiten waren bunte Buddha Bowls, Ofengemüse und Salate. Ich erinnere mich auch an mein erstes Pastagericht: Nudeln in einer Tomatensoße mit Gemüse und frischen Kräutern, dazu ein Rucolasalat, ein besonders glücklicher Moment für mich. Es war etwas Besonderes für mich, nach so vielen Jahren des Verzichts die tollen, satten Farben des Essens und dessen Geschmack genießen zu können.

GENUSS MIT ALLEN SINNEN

Ich war überrascht, wie bunt und vielfältig die vegane Küche ist. So lernte ich immer mehr über Essen, Nahrungsmittel und deren Zusammensetzung. Isst man vegan, so beginnt man automatisch bei den Produkten im Supermarkt genau hinzusehen und sich die Inhaltsstoffe durchzulesen und realisiert auch was bereits vegan ist, wie zum Beispiel der klassische Oreo-Keks.

So hat sich mein Speiseplan erweitert. Nach und nach habe ich eine Routine in der Küche entwickelt und mich auch an altbekannte Klassiker und Pizza getraut. Am Anfang war es sicherlich mit dem Griff zu Ersatzprodukten verbunden, aber kurz danach lernte ich, wie man diese selbst herstellen kann, zum Beispiel veganen Käse.

Die Phase des Entdeckens und Lernens hat mir unglaublich viel Spaß gemacht, man begibt sich auf eine Entdeckungsreise des Essens und stellt Gerichte, die man seit seiner Kindheit gegessen hat, für sich auf den Kopf – eine Bereicherung.

An das vegane Backen habe ich mich als Letztes herangetraut. Wie soll das denn funktionieren, so ganz ohne Ei? Meine ersten Versuche waren das Bananenbrot und ein Käsekuchen aus Cashewkernen. Mein nächstes Highlight waren Zimtsterne mit Aquafaba-Eischnee (Eischnee aus Kichererbsenwasser). Diese hat mein Bruder getestet und als die besten Zimtsterne überhaupt ausgezeichnet. Das hat mich motiviert weiterzumachen. Inspiriert haben mich dabei glückliche Kindheitserinnerungen, z.B. an Crepes und Waffeln, alles Dinge, die ich nun endlich wieder, ganz ohne schlechtes Gewissen, genieße.

Aus diesen Gründen koche und backe ich

heute so gern vegan. Ich liebe es, Neues auszuprobieren oder auch meine Familie und Freunde mit veganen Gerichten zu überraschen und meine Freude mit ihnen zu teilen.

Das ist für mich die vegane Ernährung: einfache, alltagstaugliche Gerichte, für die ein Gang zum Supermarkt um die Ecke ausreicht, und die lecker sind und uns glücklich machen.

In diesem Buch möchte ich ein mir sehr wichtiges persönliches Anliegen vermitteln: Sei glücklich mit dir, deiner Ernährung und fühle dich wohl. Dazu möchte ich, gerade aufgrund meiner eigenen Erfahrungen, inspirieren.

Was dich neben dem Thema Essen glücklich macht, kann ich natürlich nicht sagen. Aber vor allem hoffe ich, dass meine veganen Rezepte ein Stück zu deinem Glück beitragen – auch wenn bei dir nicht für jede Mahlzeit die vegane Ernährung auf dem Speiseplan steht.

EINSTIEG IN EINE VEGANE ERNÄHRUNG

Mein Einstieg in die vegane Ernährung war also vor allem meine Neugier. Diese neue und andere Art zu essen war für mich spannend, alles sah so lecker, so frisch, so appetitanregend aus, dass ich es selbst ausprobieren wollte.

Du hast vielleicht einen anderen Grund, warum du vegan kochen und backen möchtest, vielleicht ist es der positive Effekt auf die Umwelt, vielleicht der Tierschutz oder vorteilhafte Auswirkungen auf deine Gesundheit. Nachdem ich mich nun bereits mehrere Jahre vegan ernähre, sind dies sicher auch Punkte, die im Laufe der Zeit für mich relevant geworden sind und mich weiterhin positiv in meiner Entscheidung, vegan zu essen, unterstützen.

Sie waren aber keinesfalls die Gründe, warum ich damit begonnen habe. Mir ging es darum, meine Neugier zu stillen, eine neue Welt zu entdecken, mich wohlzufühlen und nicht das Gefühl zu haben, dass meine Ernährung durch Verzicht geprägt ist. Es ging und geht mir immer um die Reise dorthin, zum Punkt des sich Wohlfühlens und mehr mit sich und der Welt zufrieden zu sein. Manche von uns stellen ihre Ernährung von jetzt auf gleich um, für andere wiederum ist es ein längerer Weg. Manche entscheiden sich dafür, ausschließlich vegan zu essen, für andere ist es eine Kombination. Mir ist es wichtig zu sagen: Egal für welchen Weg du dich entscheidest, mach das, was sich für dich richtig und gut anfühlt, mach es nicht, weil du dich dazu gezwungen fühlst.

Eines haben wir sicher alle gemeinsam: Wir möchten, dass es sich gut und richtig anfühlt und unser Essen einfach richtig lecker ist.

Dennoch glaube ich, dass eine Umstellung immer ein Prozess ist, der mit vielen Höhen und Tiefen verbunden ist. Deswegen möchte ich hier ein paar Tipps mit dir teilen, um deinen Weg, deinen Einstieg in die vegane Ernährung zu erleichtern, damit auch du „einfach glücklich vegan“ leben kannst.

SEI OFFEN FÜR NEUES

Wenn du überlegst, dich künftig vegan zu ernähren, dann sei vor allem offen für Neues, denn mit einer offenen, positiven Einstellung wird dir der Schritt sicher leichter fallen.
Sicher ist es einfach, sich darauf zu konzentrieren, welche Zutaten du verwenden kannst, welche neuen Zutaten du kennenlernen kannst, welche Lebensmittel künftig nicht mehr in deinem Speiseplan vorkommen werden oder welchen Ersatz du für Fleisch und Co. findest. Fokussiere dich auf all diejenigen neuen Zutaten und tollen Rezepte, die dich ansprechen und die du kennenlernen und ausprobieren möchtest.

MACH EINFACH NUR DEN NÄCHSTEN SCHRITT

Du solltest dich auf keinen Fall unter Druck setzen und dir nicht direkt eine harte Frist auferlegen wie „Ab morgen bin ich vegan". Fang einfach an und bereite dir ein veganes Gericht zu.

Nicht alles muss von heute auf morgen funktionieren. Gib dir Zeit, dich mit dem Thema, neuen Gerichten und sicher auch neuen Zutaten auseinanderzusetzen. Wirf die „Ganz oder gar nicht"-Einstellung über Bord, es ist jedem erlaubt, ein Beginner zu sein. Deswegen solltest du dich auch nicht mit anderen vergleichen, denn jeder ist an einem anderen Punkt seiner Reise.

Mit der Zeit wirst du ganz von allein dazulernen und dann bemerken, wie sich neue Gewohnheiten und Routinen einstellen, ohne dass du dir viele Gedanken darüber machen musst.

PROBIERE DICH AUS

Ernährung ist individuell. Nimm dir die Zeit, dich auszuprobieren und finde heraus, was dir schmeckt, was gut für dich und für deinen Körper funktioniert. Was bringt es, dass du bestimmte Lebensmittel nur isst, weil sie vegan sind? Deine Ernährung sollte deine Lebensqualität positiv beeinflussen, aber kein Zwang sein. Wenn du etwas nicht magst, probierst du bei der nächsten Mahlzeit einfach etwas anderes aus, das gilt auch ganz besonders für Obst und Gemüse, jeder hat andere Präferenzen oder muss vielleicht auf Lebensmittelunverträglichkeiten Rücksicht nehmen.

Auch wird sicherlich nicht jede Zubereitung auf Anhieb gelingen. Das macht gar nichts, beim nächsten Mal läuft es sicher schon besser – einfach dranbleiben und ausprobieren.

ISS AUSGEWOGEN

Es ist wichtig, dass du nicht das Gefühl hast, auf etwas verzichten zu müssen oder dass etwas fehlt. Nach dem Essen solltest du dich befriedigt und glücklich fühlen. Achte deshalb darauf, dich ausgewogen zu ernähren. Zu einer ausgewogenen Ernährung gehören alle Lebensmittelgruppen wie Obst, Gemüse, Getreide (also Kohlenhydrate), Proteine sowie Fette und Öle. Der Fokus sollte auf nährstoffreichen Lebensmitteln liegen, die deinen Körper mit allem versorgen was er braucht, und sie sollten möglichst unverarbeitet sein. Wenn dies den größten Teil deiner Ernährung ausmacht, dann schadet es auch nicht, wenn man ab und zu mal zu verarbeiteten Süßwaren oder einer Tüte Chips greift, wenn einem danach ist.

Für mich bedeutet eine ausgewogene Ernährung eine gesunde Balance, um Körper und Seele zu versorgen, nicht jedoch Verzicht in irgendeiner Form.

Ein wichtiger Aspekt der ausgewogenen Ernährung ist, dass man alle lebenswichtigen Vitamine in der vom Körper benötigten Menge zu sich nimmt. Sicher hast du schon gehört, dass es über eine 100-prozentige vegane Ernährung nicht möglich ist, Vitamin B12 aufzunehmen. Ich persönlich nehme es deswegen zusätzlich ein, ebenfalls supplementiere ich Omega 3. Hier möchte ich aber keine allgemeingültige Empfehlung für Nahrungsergänzungsmittel geben, dazu ist jeder Mensch zu verschieden. Ich mache einfach regelmäßig Bluttests, dann weiß ich genau, wo ich stehe, und kann mit einem Arzt oder einer Ärztin beraten, was das Richtige für mich ist. Dies würde ich jedem empfehlen, denn auch bei einer herkömmlichen Ernährung leiden viele Menschen an einer Unterversorgung verschiedener Vitamine oder Spurenelemente.

SEI VORBEREITET

Jede Veränderung ist am Anfang immer mit mehr Mühe, Zeit und Aufwand verbunden als die alten Gewohnheiten. Lass dich aber keinesfalls davon abschrecken.
Vorbereitung kann dir hier gerade zu Beginn eine gute Hilfestellung sein. So kannst du dir einen Vorrat an Grundnahrungsmitteln anlegen, insbesondere an Dingen, die lange haltbar sind.
Du kannst dir die Rezepte raussuchen, die du in einer Woche zubereiten möchtest, und dafür gezielt einkaufen, vor allem dann auch die frischen Zutaten. So vermeidest du viele Gänge in den Supermarkt und kannst dir Zeit und zusätzlichen Stress sparen.
In den nächsten Kapiteln gehe ich noch näher darauf ein, so dass du eine Hilfestellung für sinnvolle Zutatenlisten hast.

LASS DICH ÜBERRASCHEN

Nimm dir bei einem deiner nächsten Besuche in deinem üblichen Supermarkt etwas mehr Zeit und werfe den einen oder anderen Blick auf die Inhaltsstoffe der Produkte. Das lohnt sich, denn du wirst sicherlich überrascht sein, wie viele Produkte vegan sind, auch wenn diese nicht speziell gekennzeichnet sind. Produkte, die wir alle sowieso schon seit vielen Jahren zu den verschiedenen Mahlzeiten verwenden. Das können vor allem Dinge wie das Grundnahrungsmittel Brot sein, aber auch Marmeladen, Ketchup und andere Überraschungen wie Süßigkeiten (die erwähnten Oreos) und Backzutaten wie dunkle Schokolade.

DEIN UMFELD

Das Thema Essen ist in unserem Kulturkreis eng mit unserem sozialen Umfeld verbunden. Wir gehen gerne mit Freunden essen, zu den Feiertagen werden besondere Mahlzeiten mit der Familie zubereitet. So kann es natürlich sein, dass deine Veränderungen, dein Wunsch nach einer anderen Ernährung nicht nur positiv aufgenommen werden und du in deinem Umfeld vielleicht auf Unverständnis stößt.

Auch hier hilft es, darauf vorbereitet zu sein und zu wissen, dass deine neue Ernährungsweise nicht von allen mit offenen Armen aufgenommen werden wird. Mit diesem Bewusstsein trifft einen der Moment der Auseinandersetzung weniger.

Vielleicht basiert dieses Unverständnis anderer auch auf der Angst deines Gegenübers, dass frühere gemeinsame soziale Aktivitäten nun nicht mehr stattfinden können. Hier kann man natürlich entgegenwirken und erläutern, warum dem nicht so ist. Vor allem kann man natürlich auch einfach seine Freunde und Familie zum gemeinsamen Essen einladen, so dass sie deine neuen Essgewohnheiten einfach kennenlernen können. Die leckeren Rezepte werden sicherlich am ehesten überzeugen.

Am Ende ist aber wichtig, dass Ernährung eine persönliche Entscheidung ist. Solltest du langfristig auf Unverständnis stoßen, so heißt dies nicht, dass du deinen Weg nicht weitergehen kannst. Das ist ein Punkt, der mir sehr am Herzen liegt: Tu das, was dich glücklich macht und zieh dein Ding durch. Du musst es niemandem recht machen, indem du Dinge isst, die du nicht möchtest.

MACH'S DIR EINFACH

...und iss, was dir schmeckt! Statt dich auf die Suche nach völlig neuen und fremden Gerichten zu machen, fang mit dem an, was du auch in der Vergangenheit gerne gegessen hast. Viele dieser Gerichte lassen sich einfach und ohne großen Aufwand vegan zubereiten, indem man ganz einfach ein paar Zutaten austauscht. Das ist viel leichter als man vielleicht zu Beginn annimmt.

MACH'S MIT SPASS

Das Wichtigste ist: Du solltest Spaß daran haben, all die neuen Dinge zu entdecken und auszuprobieren. Denn nur wer mit Spaß und Genuss dabei ist, der wird auch langfristig damit glücklich sein und dabeibleiben. Genieße deine kulinarische Reise, die Neuentdeckungen und auch die unvermeidlichen Fehler, vom Angebrannten bis zum Versalzenen. Denn daraus wirst du nur lernen und dich früher oder später sehr viel besser mit all den Zutaten und den Zubereitungsweisen auskennen.

Also: Druck raus, genieß den Weg, hab Spaß und vor allem, lass es dir schmecken!

TIPPS UND TRICKS FÜR DIE PRAXIS

SO EINFACH ERSETZT DU

Es geht auch ohne!

Auch wenn bestimmte Lebensmittel wie Fleisch, Milch, Butter, Eier in der veganen Ernährung nicht vorkommen, gibt es jede Menge Alternativen, die man nutzen kann, um seine Lieblingsgerichte zu kochen oder zu backen. So musst du auf nichts verzichten.

Es gibt viele Alternativen, oft Ersatzprodukte genannt, die du kaufen oder auch einfach und kostengünstig selbst herstellen kannst. Mehr dazu findest du bei den verschiedenen Rezepten weiter hinten im Buch, wie zum Beispiel die Herstellung einer veganen Alternative für den beliebten Parmesan (siehe Seite 48).

EINFACHE ALTERNATIVEN – AUS DEM SUPERMARKT:

KUHMILCH

Hier gibt es mittlerweile so viele Möglichkeiten wie Sand am Meer, auch jeder Discounter hat sie im Sortiment. Du kannst zwischen Soja-, Mandel-, Reis-, Hafer- und Kokosmilch wählen. Die Auswahl, auch an verschiedensten Herstellern, steigt ständig – am besten jede einmal probieren, mit Sicherheit ist eine Sorte dabei, die dir besonders gut schmeckt.

BUTTERMILCH

Ein Ersatz für Buttermilch lässt sich ganz einfach herstellen, indem du pro 250 ml Sojamilch 2 EL Zitronensaft oder Apfelessig hinzufügst.

BUTTER

Auch bei Butter ist schnell eine Alternative mit pflanzlicher Margarine (oder auch Kokosöl) gefunden, die Auswahl an verschiedenen Marken ist reichlich. Hier die Inhaltsstoffe besonders genau checken, der eine oder andere Hersteller mischt gerne Bestandteile aus Kuhmilch in die Rezeptur. Im gut sortierten Supermarkt gibt es im Kühlregal auch bereits vegane Butter.

SAHNE

Möchtest du Sahne beispielsweise zum Verfeinern von Soßen nutzen, gibt es auch dafür Alternativen wie Soja-, Hafer- oder Kokos Cuisine, die du einfach im Supermarkt kaufen kannst. Sie stehen meistens direkt neben den verschiedenen Pflanzendrinks im Regal.

Benötigst du Schlagsahne für deinen Kuchen, kannst du vegane Sahne zum Aufschlagen kaufen, die es aber meist nur im Biosupermarkt gibt.

JOGHURT & QUARK

Auch hier finden sich zahlreiche Alternativen im Kühlregal der Supermärkte, hergestellt aus Soja, Mandeln, Cashews, Kokos oder Lupinen.

FLEISCH

Als Alternative zu Fleisch fällt einem direkt Tofu ein, es gibt aber auch Tempeh, Seitan oder die Jackfrucht. In den meisten Supermärkten wächst die Auswahl verschiedener Tofuprodukte stetig, im Biosupermarkt ist die Auswahl sogar noch größer.

VEGAN BACKEN

Auch nachdem ich schon länger vegan gekocht hatte, konnte ich mir nicht vorstellen, dass veganes Backen genauso gut funktionieren würde. Vor allem hatte ich mir auch die Frage gestellt, wie denn ein Kuchen so ganz ohne Ei zusammenhalten soll. Nachdem ich mich aber an diese neue Herausforderung herangewagt habe, habe ich festgestellt, dass dies gar kein Problem ist und heute backe ich besonders gerne. Ob Kuchen, Waffeln, Torten oder Kekse – alles ohne Eier und Butter.

SO ERSETZT DU EIN 1 EI

Es gibt verschiedene Möglichkeiten, ein Ei zu ersetzen:

- 75 g zerdrückte Banane oder Apfelmus
(eher für einen süßen Teig geeignet)
- 1 EL Chia Samen oder geschroteter
Leinsamen + 3 EL Wasser
- 2 EL Stärkemehl + 3 EL Wasser
- 1 EL Soja- oder Johannisbrotkernmehl +
1 EL Sprudelwasser/Pflanzenmilch
- 1 EL Apfelessig + 1 TL Natron
(besonders als Lockerungsmittel geeignet)
- Sprudelwasser
(besonders als Lockerungsmittel geeignet)
- **Ersatz von einem Eigelb**
2 EL Soja Cuisine
(z. B. zum Bestreichen von Gebäck)
- **Ersatz von einem Eiweiß für Eischnee**
30 ml Aquafaba (Kichererbsenwasser); aufgeschlagen

VORBEREITUNG IST ALLES – DEINE ZUTATEN-CHECKLISTE!

Bevor es mit dem Kochen und Backen losgeht, lohnt es sich, seinen Vorrat unter die Lupe zu nehmen und sich ein paar Grundzutaten auf die nächste Einkaufsliste zu setzen.

Viele Rezepte in diesem Buch bestehen aus Zutaten, die man meistens ohnehin zu Hause hat. Das können Gewürze, Tomaten aus der Dose, Kokosmilch, Hülsenfrüchte, Nüsse oder auch Zutaten wie Backpulver, Mehl oder Nudeln sein. In Kombination mit frischen Lebensmitteln hast du damit schnell und unkompliziert ein tolles Gericht gezaubert.

Es lohnt sich also, verschiedene Grundzutaten, die man immer wieder verwendet, vorrätig zu haben, viele davon sind sowieso lange haltbar.

Sollte ich bestimmte Zutaten nicht zu Hause haben, dann mache ich mir eine Einkaufsliste, ohne die gehe ich nicht los. Sie hilft mir dabei, den Überblick zu behalten und vor allem auch nicht zu viel einzukaufen. So vermeide ich, dass ich Dinge wegschmeißen muss, die abgelaufen oder schlecht geworden sind. Ich möchte ungern Lebensmittel verschwenden.

In der folgenden Liste habe ich die Zutaten, die häufig in meinen Rezepte verwendet werden, zusammengefasst und auch Hinweise zur Lagerung hinzugefügt. So bist du perfekt vorbereitet!

FÜR DIE LAGERUNG IN DEINEM VORRATSSCHRANK

kühl, trocken & dunkel lagern

GEMÜSE

Kartoffeln, Kürbis, Süßkartoffeln, Zwiebeln, Knoblauch

GETREIDE

Reis, Bulgur, Quinoa, Couscous, Haferflocken, Dinkel

Fast alle Sorten eignen sich als Beilage oder Grundlage für Salate und Bratlinge. Haferflocken sind perfekt für eine Bowl zum Frühstück oder als Basis für ein Granola.

NUDELN

Aus Weizen, Reis oder Hülsenfrüchten, aus Vollkorn- oder Weißmehl

Es ist immer praktisch, seine persönlichen Lieblingsnudeln im Haus zu haben, so kannst du daraus schnell und einfach eine leckere Mahlzeit kochen.

HÜLSENFRÜCHTE

Linsen, Kichererbsen, Bohnen aus der Dose/aus dem Glas

Hülsenfrüchte sind gesund und vielseitig einsetzbar. Man kann sie als Basis für Bratlinge verwenden, Gerichte nährstoffreich ergänzen und das Kichererbsenwasser als Eischnee-Ersatz verwenden.

TOMATEN

Aus der Dose oder als passierte Variante.
Die unabdingbare Grundlage für Saucen, Suppen oder Currys!

KOKOSMILCH

Kokosmilch (vollfett)
nutze ich für Currys oder um Saucen besonders cremig zu machen. Sie ist ein Sahneersatz oder die Basis für süße Rezepte wie eine Ganache.

ÖL

Olivenöl, Erdnussöl, Sesamöl, Kokosöl, Rapsöl

ESSIG

Apfelessig, Reisessig, Aceto balsamico

PESTO

Ein fertiges Pesto zu Hause zu haben, kann dir in Momenten, in denen es besonders schnell gehen soll, unglaublich viel Zeit sparen. Es ist schnell zu Nudeln serviert, dient als Marinade für Kartoffeln, im Salat oder um Saucen besonders viel Geschmack und Aroma zu verleihen.

SOJASAUCE ODER TAMARI

Verleiht Gerichten einem besonders leckeren und salzigen Geschmack.

WEITERE KONSERVEN UND GLÄSER

Getrocknete Tomaten, eingelegte Paprika und Gurken, Senf, Ketchup, Curry-Paste, Sambal Oelek

GEWÜRZE

Paprika, Kurkuma, Kreuzkümmel, Chiliflocken, getrocknete Kräuter, Pfeffer, Meersalz
Gewürze solltest du nicht unterschätzen und immer reichlich zur Hand haben, sie machen jedes Gericht besser!

PANIERMEHL

Paniermehl eignet sich perfekt, um knusprige Gemüseschnitzel zu machen oder auch als Bindemittel. Als Panade verwende ich oft Panko Paniermehl, da es gröber ist, und so wird das Ergebnis extra knusprig.

TROCKENFRÜCHTE

Datteln, Aprikosen, Bananen
Auch Trockenfrüchte sind ein toller Snack für viel Energie oder können direkt zu Snacks, „Energy Balls" oder in „No Bake"-Desserts verarbeitet werden.

SÜSSUNGSMITTEL

Weißer und brauner Zucker, Kokosblütenzucker, Ahornsirup, Agavendicksaft

NÜSSE UND SAMEN

Mandeln, Walnüsse, Haselnüsse, Erdnüsse, Pekannüsse, Cashewkerne, Pinienkerne, Kürbiskerne, Sonnenblumenkerne, Leinsamen, Chia-Samen
Nüsse und Samen eignen sich hervorragend als Snack oder angeröstet als Toppings, zum Beispiel für Salate. Cashewkerne sind besonders vielseitig einsetzbar, eingeweicht und püriert können sie bei No-Bake-Rezepten wie dem „Raw Cheesecake" zum Einsatz kommen. Sie helfen, um cremige Saucen herzustellen oder dienen als Ersatz für Parmesan oder Ricotta.
Nüsse gibt es auch als Nussmus, gerade weißes Mandelmus und Cashewmus sind ein Must-have in meiner Küche, da sie sehr mild sind und man sie daher vielseitig einsetzen kann.
Tahini (Sesammus) wird vor allem bei der Herstellung von Hummus genutzt, eignet sich aber auch hervorragend für ein leckeres Salatdressing.

MEHL

Weizen-, Dinkel-, Buchweizen- Kokos-, Leinsamenmehl
Mehl ist die Grundlage für viele leckere süße und herzhafte Rezepte und jede Sorte hat ihren ganz eigenen Geschmack. Ich habe immer eine kleine Auswahl an Mehlsorten zu Hause. Nicht jedes Mehl lässt sich 1:1 durch eine andere Sorte ersetzen, oft muss dann die Flüssigkeitsmenge angepasst werden. Kokosmehl ist besonders trocken!

WEITERE BACKZUTATEN

Backpulver, Natron, Vanille-Extrakt, Puddingpulver

MARMELADE & BROTAUFSTRICHE

Marmeladen passen sehr gut zu Crêpes, fertige Aufstriche sind der perfekte Belag für eine vegane Brotzeit, mit Wasser verdünnt kannst du daraus auch eine schnelle Nudelsoße herstellen.

BESONDERE ZUTATEN

HEFEFLOCKEN

Hefeflocken sind die Grundlage vieler Käse-Rezepte in diesem Buch, beispielsweise Parmesan oder Käsesoße, da sie würzig, käsig und etwas nussig schmecken. Sie dürfen in der Küche auf gar keinen Fall fehlen.

KALA NAMAK SALZ

Das rosa-graue Salz wird auch Schwarzsalz genannt. Es hat einen schwefligen und aromatischen Geschmack, so dass es leicht nach Ei schmeckt. So eignet es sich für ein veganes Rührei oder Omelette oder zu Salaten.

SOJA CUISINE

Soja Cuisine dient als Sahne-Ersatz und verleiht Gerichten eine besondere Cremigkeit. Wer kein Soja mag, kann auch auf Hafer-, Reis- oder Kokoscuisine zurückgreifen.
Nach dem Öffnen im Kühlschrank lagern.

Diese Zutaten bekommst du in Reformhäusern und Bio-Läden. Aber auch immer mehr Supermärkte haben sie im Sortiment. Hefeflocken und Kala-Namak-Salz findest du oft im Bereich Feinkost/Spezialitäten, die Soja Cuisine steht meist direkt neben den pflanzlichen Milchprodukten.

FÜR DIE LAGERUNG IM KÜHLSCHRANK

VEGANER KÄSE

Reibekäse, Feta, Frischkäse
Ich greife bei bestimmten Gerichten, wie Nudelauflauf, Pizza oder Saucen, darauf zurück. In diesem Buch findest du aber auch Anregungen, wie du Parmesan oder Ricotta schnell und einfach selbst zubereiten kannst.

PFLANZENDRINKS

Heute sind viele verschiedene pflanzliche Milchalternativen verfügbar, so dass jeder nach seinem Geschmack auswählen kann.
Soja, Hafer, Mandel, Kokos und Erbse sind meine Favoriten.

PFLANZLICHE MARGARINE & PFLANZENJOGHURT

Statt herkömmlicher Butter oder Joghurt gibt es heute zahlreiche vegane Margarinesorten und Joghurts.
Bei der Margarine lohnt es sich auch bei den pflanzlichen Produkten einen Blick auf die Inhaltsstoffe zu werfen, manchmal ist z.B. Milchsäure ein Bestandteil. Sollte das der Fall sein kannst du einfach zum nächsten Produkt greifen. Aber mittlerweile gibt es auch 100%ige vegan Butter.
Bei den Joghurts gibt es, gerade auch in den Bioläden, mittlerweile die Auswahl zwischen Soja-, Hafer-, Kokosjoghurts und vielen mehr. Sojajoghurt führt jeder gut sortierte Supermarkt, nur im Discounter ist es meistens noch nicht zu finden.

TOFU

Naturtofu, Erdnusstofu, Räuchertofu, Fermentierter Tofu, Seidentofu
Tofu kann als Fleisch oder teilweise auch als Ei-Ersatz verwendet werden. Knusprig angebraten und aromatisch mariniert ist er eine besonders leckere Beilage. Ich verwende am liebsten Räuchertofu.
Seidentofu eignet sich beispielsweise auch für Süßspeisen.

FÜR DIE LAGERUNG IM TK-FACH

TK-GEMÜSE, TK-BEEREN UND VEGANES EIS

MIT DIESER ZUTATENLISTE und dieser Vorratshaltung solltest du optimal vorbereitet sein. Schnapp dir etwas zu schreiben, mach dir vielleicht einen Kaffee, leg dir einen kleinen Snack zurecht und fang einfach damit an, durch das Kochbuch zu blattern.

Welche Rezepte möchtest du zuerst ausprobieren? Sobald dein Meisterwerk fertig ist, mach es wie ich: Mach ein Foto und teile es auf Instagram. Zeig der Welt, wie einfach, glücklich und vegan funktionieren kann.

Vergiss nicht, mich zu verlinken **(@byanjushka)**, denn ich freue mich darauf, deine Kreationen aus diesem Buch zu sehen und deine Leidenschaft am Kochen und Backen mitzuerleben.

Kapitel 1

FRÜHSTÜCK & BRUNCH

Hier findest du alles für einen tollen Start
in den Tag oder
den gemütlichen Brunch am Wochenende.

Wie wir den Tag beginnen, bestimmt oft den
weiteren Verlauf – warum also nicht
mit Genuss, gut gestärkt und energiereich?
Ich mag es mal süß, mal salzig,
aber natürlich immer kombiniert mit einem
Soja-Latte :) **Schoko Nuss Granola**
mit frischen Beeren oder **veganes Rührei** –
was darf es bei dir heute sein?

SCHOKOLADEN-ZIMT-PORRIDGE
MIT KARAMELLISIERTEN BANANEN

PORTIONEN
1 Portion

VORBEREITUNGSZEIT
5 Minuten

ZUBEREITUNGSZEIT
10 Minuten

GESAMTE ARBEITSZEIT
15 Minuten

Ich hätte nicht gedacht, dass eine Schüssel mit „Haferbrei" so lecker sein kann. Bis ich entdeckt habe, dass Haferbrei nicht gleich Haferbrei ist und man ihn schnell und einfach zu einer Geschmacksbombe verwandeln kann! Es gibt so viele Möglichkeiten, um sein Porridge zuzubereiten und zu variieren. Dieses Porridge ist mein Favorit. Es ist lecker, einfach gemacht, sättigt mich und schenkt mir Energie und gute Laune für den Tag. Und damit nicht genug: Das Highlight sind die Toppings! Obst, Nussmus und Müsli dürfen bei mir nie fehlen.

Schokoladen-Zimt-Porridge

50 g zarte Haferflocken

2 TL geschrotete Leinsamen

10 g Kakaopulver

1 TL Kokosblütenzucker

½ Banane, zerdrückt

½ TL Zimtpulver

150 ml Pflanzenmilch

100 ml Wasser

Karamellisierte Banane

½ EL Kokosöl

Schuss Wasser

1 TL Kokosblütenzucker

⅓ TL Zimtpulver

½ Banane,
in Scheiben geschnitten

Toppings

Müsli

Nussmus

1 Alle Zutaten für das Porridge in einem Topf verrühren. Aufkochen lassen und bei mittlerer Hitze etwa 5 Minuten leicht köcheln lassen. Danach vom Herd nehmen und weitere 2 bis 3 Minuten quellen lassen.

2 Das Kokosöl mit einem Schuss Wasser in einer Pfanne erwärmen. In einem Schälchen Kokosblütenzucker und Zimtpulver verrühren und die Bananenscheiben darin wenden. Bananenscheiben in die Pfanne legen und etwa 3 Minuten von jeder Seite karamellisieren lassen.

3 Das Porridge in einer Schale mit der karamellisierten Banane servieren. Nach Belieben weitere Toppings hinzugeben.

KOKOS-CHIA-PUDDING

PORTIONEN
2 Dessertgläser

VORBEREITUNGSZEIT
3 Minuten

ZUBEREITUNGSZEIT
2 Minuten

ZIEHZEIT
60 Minuten / Optimal über Nacht

Wenn es morgens mal schnell gehen soll, dann ist Chia-Pudding eine gute Wahl! Ich mag den leckeren Pudding aber auch als Snack oder Dessert. Der Chia-Pudding ist schnell angerührt und quillt dann, am besten über Nacht, im Kühlschrank. Das Tolle an dem Rezept ist, dass man es ganz nach seinem Geschmack variieren kann: Probiere unterschiedliche Pflanzenmilchsorten, Gewürze oder auch Fruchtpürees oder Pflanzenjoghurt aus. Danach nur noch nach Belieben toppen und genießen.

Chia-Pudding

45 g Chia-Samen

100 ml Kokosmilch *

100 ml Pflanzenmilch nach Wahl

1 EL Agavendicksaft

Toppings

1 Banane, in Scheiben geschnitten

Kokoschips

1 Alle Zutaten für den Chia-Pudding in einer Schüssel mit einem Schneebesen verrühren. 2 Minuten stehen lassen und erneut verrühren.

2 Chia-Pudding mindestens 1 Stunde oder besser über Nacht abgedeckt in den Kühlschrank stellen und quellen lassen.

3 Anschließend in Dessertgläser füllen und mit Bananenscheiben und Kokoschips servieren.

***Tipp:** Vollfett-Kokosmilch, damit es besonders cremig wird! Alternativ mehr Pflanzenmilch.*

ERDBEER-FRISCHKÄSE-CRÊPES MIT VANILLE

PORTIONEN
2 Portionen

VORBEREITUNGSZEIT
15 Minuten

ZUBEREITUNGSZEIT
15 Minuten

GESAMTE ARBEITSZEIT
30 Minuten

Nalesniki – unter diesem polnischen Namen kenne ich das Rezept noch aus meiner Kindheit. Dabei handelt es sich um hauchdünne Pfannkuchen oder Crêpes, die süß oder herzhaft gefüllt werden. Am liebsten mochte ich sie mit einer Quark- oder Frischkäse-Füllung und Erdbeermarmelade. Und daran hat sich bis heute nichts geändert. Die leckeren Vanille-Crêpes passen zum Frühstück, als süßes Mittagessen oder mit einem Klecks Sahne serviert auch als Dessert.

Crêpes

150 g Mehl

150 ml Pflanzenmilch

150 ml Sprudelwasser

1 EL Zucker

1 TL Vanille-Extrakt

1 TL Öl zum Anbraten

Füllung

150 g veganer Frischkäse oder Quark

1 TL Zucker, nach Geschmack

Erdbeerkompott

Erdbeerkompott

150 g Erdbeeren, oder andere Beeren

2 EL Agavendicksaft

1 EL Zitronensaft

½ TL Vanille-Extrakt, optional

Außerdem

Vegane Schlagsahne, aufgeschlagen

Puderzucker

Frische Erdbeeren

1 Zutaten für den Crêpes-Teig in einer Schüssel zu einem glatten Teig verrühren. 10 Minuten ruhen lassen.

2 Eine gut beschichtete Pfanne mit Öl ausstreichen. Mit einem Schöpflöffel Teig hinzugeben und die Pfanne schwenken, bis der Boden dünn bedeckt ist. Etwa 30 bis 60 Sekunden bei mittlerer Hitze braten. Vorsichtig wenden und weitere 30 Sekunden braten. Aus der Pfanne nehmen und zum Abkühlen beiseitelegen. So lange fortführen, bis der Teig aufgebraucht ist. Der Teig reicht für 6 kleine Crêpes aus.

3 Die Crêpes mit je 1 bis 2 EL Frischkäse und Erdbeerkompott bestreichen und einrollen. Nach Geschmack mit aufgeschlagener Schlagsahne, frischen Beeren und Puderzucker servieren.

4 Zutaten für das Erdbeerkompott in einem Topf bei mittlerer Hitze aufkochen lassen. Die Hitze herunterstellen und etwa 10 Minuten leicht köcheln lassen. Anschließend mit einem Stabmixer pürieren oder einer Gabel zerdrücken. Danach in ein Vorratsglas füllen.

KNUSPER-SCHOKO-NUSS-GRANOLA

PORTIONEN
Etwa 1 Liter Vorratsglas

VORBEREITUNGSZEIT
10 Minuten

ZUBEREITUNGSZEIT
30 Minuten

GESAMTE ARBEITSZEIT
40 Minuten

Etwas, was sich immer auf meinem Vorratsregal befindet: Ein selbst gemachtes Granola! Ob als schnelles Frühstück mit Pflanzenmilch oder Kokosjoghurt und frischen Beeren oder als knuspriges Topping für mein morgendliches Porridge. Ein Granola ist ganz einfach und aus nur wenigen Grundzutaten gemacht. Das Tolle an diesem Rezept ist, dass man es immer wieder variieren kann, sodass es nie langweilig wird. Meine Lieblingsvariante ist Schokolade-Nuss. Oft gebe ich noch Trockenobst wie getrocknete Cranberries, Kokosraspeln oder Kürbiskerne hinzu. Der Kreativität sind hier keine Grenzen gesetzt.

- 250 g Haferflocken
- 100 g Cashewkerne oder andere Nüsse nach Wahl
- 60 ml Kokosöl
- 100 ml Ahornsirup
- 30 g Kakaopulver
- ¼ TL Salz
- 1 TL Vanille-Extrakt, optional
- 100 g Zartbitter-Schokoladendrops

1 Ofen auf 180 Grad Ober- und Unterhitze vorheizen. Ein Backblech mit Backpapier auslegen.

2 In einer großen Schüssel Haferflocken und Nüsse vermischen.

3 Kokosöl, Ahornsirup, Kakaopulver, Salz und Vanille-Extrakt in einem Topf verrühren und aufkochen lassen. 2 bis 3 Minuten köcheln lassen und anschließend über die Haferflocken-Nuss-Mischung verteilen. Alles gut miteinander vermischen und auf das Backblech verteilen.

4 Im Ofen etwa 30 Minuten backen. Anschließend aus dem Ofen nehmen und komplett auskühlen lassen. Danach in ein Vorratsglas umfüllen.

Nach dem Backen kann man noch etwa 100 g Trockenobst wie Cranberries oder Rosinen untermischen.

ZITRONEN-MOHN-PANCAKES
MIT BLAUBEEREN

PORTIONEN
2 Portionen

VORBEREITUNGSZEIT
15 Minuten

ZUBEREITUNGSZEIT
15 Minuten

GESAMTE ARBEITSZEIT
30 Minuten

Kennst du schon den #Pancake-Sunday? Ein leckeres Sonntagsritual, bei dem zum Frühstück oder Brunch kleine Pfannkuchen serviert werden. Die saftigen und fluffigen Zitronen-Mohn-Pancakes mit Blaubeeren eignen sich perfekt für deinen Pancake Sunday – und das ohne großen Aufwand, damit einem gemütlichen Start in den Sonntag nichts im Wege steht. Ich serviere die kleinen fluffigen Pfannkuchen gerne mit einem Schuss Ahornsirup, Nussmus oder frischem Obst.

Pancakes

120 g Mehl

2 TL Backpulver

1 TL geriebene Zitronenschale

2 EL Zucker nach Wahl

1 EL gemahlener Mohn

50 g Apfelmus oder zerdrückte Banane

1 EL Zitronensaft

1 EL Öl oder geschmolzene pflanzliche Margarine

100 ml Pflanzenmilch

Schuss Sprudelwasser

100 g Blaubeeren

Öl zum Braten, optional

Außerdem

Nussmus

Ahornsirup

Blaubeeren zum Garnieren

1 Mehl, Backpulver, geriebene Zitronenschale, Zucker und Mohn in einer Rührschüssel vermischen. Apfelmus, Zitronensaft, Öl, Pflanzenmilch und einen Schuss Sprudelwasser dazugeben, kurz verrühren und den Teig 10 Minuten stehen lassen. Im Anschluss vorsichtig die Blaubeeren unterheben.

2 Eine gut beschichtete Pfanne mit Öl ausstreichen. Etwa 2 EL Teig pro Pancake hineingeben und bei mittlerer Hitze etwa 2 bis 3 Minuten ausbacken, bis sich kleine Bläschen bilden. Vorsichtig wenden und weitere 2 bis 3 Minuten ausbacken. Herausnehmen und so lange fortführen, bis der Teig aufgebraucht ist.

3 Die Pancakes nach Geschmack mit Nussmus, Ahornsirup und frischen Blaubeeren servieren.

2 SÜSSE AUFSTRICHE FÜR DIE BROTZEIT

SCHOKO-DATTELN-CREME & ERDBEER-CHIA-MARMELADE

PORTIONEN
ca. 350 g pro Aufstrich

VORBEREITUNGSZEIT
20 Minuten

ZUBEREITUNGSZEIT
10 Minuten

GESAMTE ARBEITSZEIT
30 Minuten

Eine Marmelade und ein Schokoladen-Aufstrich sind in meiner Küche unverzichtbar! Sie passen auf selbst gemachtes Brot, ofenwarme Brötchen und knusprigen Toast oder lassen sich als Topping auf dem Porridge oder zu Pfannkuchen essen. Der Schoko-Aufstrich wird aus ofengerösteten Haselnüssen gemacht und mit Datteln gesüßt. Für die Marmelade kommen Chia-Samen zum Einsatz, wodurch der fruchtige Aufstrich schon innerhalb von 10 Minuten fertig ist. Die Obstsorte lässt sich dabei nach Belieben variieren.

SCHOKO-DATTELN-CREME

160 g Datteln
250 g Haselnüsse
40 g Kakaopulver
1 TL Salz
100 ml Pflanzenmilch
1 TL Vanille-Extrakt
1 EL (Kokos-)Öl

1 Datteln in Wasser einweichen. Ofen auf 180 Grad vorheizen. Ein Backblech mit Backpapier auslegen. Die Haselnüsse auf das Backblech verteilen und etwa 15 Minuten im Ofen rösten.

2 Die gerösteten Haselnüsse in einem Hochleistungsmixer zu einem feinen Mus verarbeiten. Die Datteln absieben und zusammen mit den restlichen Zutaten im Mixer fein pürieren.

3 Die Creme in ein kleines Vorratsglas geben und kühlstellen.

ERDBEER-CHIA-MARMELADE

300 g Erdbeeren, frisch oder TK
75 ml Ahornsirup
50 g Chia-Samen
15 ml Zitronensaft
½ TL Vanille-Extrakt, optional

1 Zutaten in einem Topf aufkochen lassen.

2 Sobald es kocht, auf mittlere Stufe herunterstellen und etwa 10 Minuten leicht köcheln lassen, bis die Flüssigkeit leicht eindickt. Erdbeeren leicht zerdrücken oder pürieren.

3 Vom Herd nehmen und die Masse in kleine Vorratsgläser geben. Anschließend im Kühlschrank lagern.

4 HERZHAFTE AUFSTRICHE FÜR DIE BROTZEIT

INDIA
FRÜHLINGSQUARK
KLASSIK
TOSKANA

VORBEREITUNGSZEIT
3 Stunden

ZUBEREITUNGSZEIT
15 Minuten

GESAMTE ARBEITSZEIT
3 Stunden 15 Minuten

Neben süßen Brotaufstrichen dürfen auch herzhafte Varianten nicht fehlen. Bei diesen 4 Aufstrichen habe ich mich von meinen liebsten Geschmäckern inspirieren lassen: Rote Linsen und Möhren mit Curry, Paprika und Tomate mit einem Hauch Chili, Frühlingsquark mit Radieschen und die klassische „Frischkäse"-Variante. Alle vier Varianten sind leckere und einfach zu zaubernde Brotaufstriche, die sich aber auch hervorragend als Dip oder Sauce eignen.

1 INDIA – ROTE LINSEN & MÖHRE

- 50 g Sonnenblumenkerne
- 80 g rote Linsen
- 150 g Möhren, klein geschnitten
- Gemüsebrühe
- 1 Knoblauchzehe, klein geschnitten
- 2 EL Sesamöl
- 1 TL Currypulver
- ½ TL Kurkumapulver
- ⅓ TL Kreuzkümmelpulver
- ½ Zitrone, ausgepresst
- Salz und Pfeffer nach Geschmack

Sonnenblumenkerne mit heißem Wasser überdecken und 3 bis 4 Stunden einweichen. Absieben und beiseitestellen. Rote Linsen und Möhren in einem Topf mit Brühe überdecken und aufkochen. 10 bis 15 Minuten köcheln lassen, bis die Linsen gar und die Möhren weich sind. Nach Bedarf mehr Brühe hinzugeben. Danach überschüssiges Wasser abgießen und in einen Mixer geben. Restliche Zutaten hinzugeben und alles zu einer cremigen Masse pürieren. Mit Salz und Pfeffer abschmecken.

2 FRÜHLINGSQUARK – FRÜHLINGSZWIEBELN & RADIESCHEN

- 250 g veganer Quark oder Skyr
- ½ Bund Radieschen
- 2 Frühlingszwiebeln
- 1 EL Apfelessig
- Salz und Pfeffer

Veganen Quark in einer Schüssel glatt rühren. Radieschen reiben und die Frühlingswiebeln klein schneiden. Zusammen mit dem Apfelessig in den Quark rühren und mit Salz und Pfeffer abschmecken.

3 KLASSIK – CASHEW „FRISCHKÄSE"

- 150 g Cashewkerne
- 1 Knoblauchzehe, klein geschnitten
- 2 EL Olivenöl
- 1 EL Zitronensaft
- Salz und Pfeffer nach Geschmack

Cashewkerne mit heißem Wasser überdecken und etwa 3 bis 4 Stunden einweichen. Danach absieben und mit den restlichen Zutaten in einem Mixer zu einer cremigen Masse pürieren und mit Salz und Pfeffer abschmecken.

4 TOSKANA – PAPRIKA & TOMATE

- 70 g Walnüsse
- 100 g getrocknete Tomaten
- 100 g gegrillte Paprika aus dem Glas
- 1 Knoblauchzehe, klein geschnitten
- 2 EL Olivenöl
- 1 TL Oregano, getrocknet
- 2 TL edelsüßes Paprikapulver
- ½ TL Kreuzkümmelpulver
- 1 Prise mildes Chilipulver, optional
- 2 EL Sojasauce

Walnüsse und getrocknete Tomaten mit heißem Wasser überdecken und etwa 3 bis 4 Stunden einweichen. Danach absieben, mit den restlichen Zutaten in einem Mixer zu einer cremigen Masse pürieren.

GEMÜSE-OMELETTE
MIT TOMATEN-PAPRIKA-FÜLLUNG

PORTIONEN
1 Omelette

VORBEREITUNGSZEIT
20 Minuten

ZUBEREITUNGSZEIT
10 Minuten

GESAMTE ARBEITSZEIT
30 Minuten

Wenn es morgens mal deftiger sein darf, dann ist dieses Gemüse-Omelette eine gute Wahl! Das vegane Omelette besteht aus einem fluffigen und leckeren Teig aus Kichererbsenmehl und einer aromatischen Füllung aus Tomaten und Paprika, die mit getrockneten Kräutern verfeinert wird. Und dabei schmeckt es verblüffend ähnlich nach Ei. Das Geheimnis hinter dem Geschmack ist das Kala-Namak-Salz, welches dem Omelette den typischen Ei-Geschmack verleiht. Es ist perfekt für ein herzhaftes Frühstück oder als leichte Mittagsmahlzeit.

Omelette

50 g Kichererbsenmehl
⅓ TL Backpulver
2 EL Hefeflocken
⅓ TL Kurkumapulver
¼ TL Kala-Namak-Salz
1 TL Kräuter der Provence
120 ml Pflanzenmilch
1 TL Apfelessig
1 TL Olivenöl zum Anbraten

Gemüse

1 EL Öl zum Anbraten
½ Zwiebel, klein geschnitten
1 rote Paprika, klein geschnitten
1 Tomate, klein gewürfelt
1 TL Kräuter der Provence
Salz und Pfeffer

Außerdem

Frische Cocktailtomaten
Basilikumblätter

1 Trockene Zutaten für das Omelette in einer Schüssel vermischen. Pflanzenmilch und Apfelessig hinzugeben und zu einem glatten Teig verrühren. 15 Minuten stehen lassen.

2 Öl in einer Pfanne erhitzen. Gemüse hineingeben und etwa 5 Minuten braten. Kräuter und nach Geschmack Salz und Pfeffer einrühren. Danach aus der Pfanne nehmen und beiseitestellen.

3 Pfanne mit Küchenpapier auswischen und das Olivenöl darin verteilen. Omelettemasse hineingießen und durch Schwenken in der Pfanne verteilen.

4 Bei mittlerer Hitze und geschlossenem Deckel etwa 5 Minuten braten, bis die Oberfläche nicht mehr feucht ist. Das Gemüse auf eine Hälfte verteilen und mit einem Pfannenwender das Omelette halb zusammenklappen. Bei geschlossenem Deckel weitere 5 bis 8 Minuten braten.

5 Danach noch warm mit frischen Tomaten und Basilikumblättern servieren.

VEGANES RÜHREI
AUS TOFU

PORTIONEN
2 Portionen

VORBEREITUNGSZEIT
5 Minuten

ZUBEREITUNGSZEIT
15 Minuten

GESAMTE ARBEITSZEIT
20 Minuten

Als Kind gab es am Wochenende hin und wieder Mal Rührei zum Frühstück. Dazu frischer Schnittlauch und knuspriges Brot. Wer hätte gedacht, dass es auch heute noch zu meinen Lieblingsrezepten zählt? Veganes Rührei funktioniert tatsächlich sehr gut ohne Ei und schmeckt total lecker. Es ist fluffig und dank veganem Joghurt sehr saftig. Grundlage hierfür ist Natur-Tofu, aus dem schnell und einfach ein geschmackvoller Rühr-Tofu entsteht. Auch heute esse ich es am liebsten mit frischen Kräutern auf knusprigem Brot.

Tofu-Rührei

200 g Tofu, Natur
2 EL Öl
1 Schalotte, klein gehackt
2 EL Hefeflocken
½ TL Kurkumapulver
½ TL schwarzer Pfeffer
¼ TL edelsüßes Paprikapulver
100 g veganer Joghurt
½ TL Kala-Namak-Salz
1 EL frischer Schnittlauch, gehackt

Außerdem

Schnittlauch
Frisches Brot

1 Tofu mit Küchenpapier trocken tupfen und mit den Händen oder einer Gabel grob zerbröseln.

2 Öl in einer Pfanne erhitzen. Die gehackte Schalotte hinzugeben und etwa 2 bis 3 Minuten glasig braten. Den Tofu hinzugeben und weitere 5 Minuten anbraten. Dabei gelegentlich umrühren.

3 Herd auf niedrige Hitze stellen. Hefeflocken, Kurkumapulver, Pfeffer und Paprikapulver dazugeben und gut vermischen. Sojajoghurt unterrühren und etwa 3 bis 4 Minuten leicht braten lassen.

4 Brot in Scheiben schneiden und nach Bedarf knusprig toasten.

5 Vor dem Servieren das Kala-Namak-Salz und den Schnittlauch einrühren. Anschließend mit Brot servieren und frischem Schnittlauch toppen.

EINFACHES SAUERTEIGBROT

PORTIONEN
1 kleiner Laib Brot

VORBEREITUNGSZEIT
20 Minuten

ZUBEREITUNGSZEIT
55 Minuten

GEHZEIT
2x 120 Minuten

Ich bin ein echter Brotliebhaber und es fällt mir nicht leicht, mich für eine Lieblingssorte zu entscheiden. Aber dieses Sauerteigbrot mit knackiger Kruste gehört zu meinen Lieblingen. Bevor ich damit anfing, Brot selbst zu backen, hat mich der Aufwand immer abgeschreckt. Aber wie die meisten Rezepte in diesem Buch muss es gar nicht aufwendig und kompliziert sein. Dieses leckere und knusprige Sauerteigbrot ist einfach gemacht. Man benötigt nur wenige Zutaten und eine Rührschüssel. Zwischendurch den Teig kneten und sonst heißt es nur ruhen lassen und backen. Das Ergebnis ist eine herrlich duftende Küche und ein ofenwarmes Brot zum Frühstück oder Abendessen.

250 g Roggenvollkornmehl
250 g Weizenmehl
1 EL Zucker
1 EL Salz
4 g Trockenhefe
8 g Sauerteigpulver
400 ml lauwarmes Wasser
50–75 g Samen und Kerne (z. B. geschrotete Leinsamen), optional

1 Mehlsorten mit Zucker und Salz in einer Schüssel mischen. Hefe und Sauerteigpulver hinzugeben. Das lauwarme Wasser langsam zugeben. Mit einem Rührlöffel verrühren, dann mit einem Knethaken oder mit bemehlten Händen 8 bis 10 Minuten zu einem geschmeidigen Teig verkneten. Zugedeckt an einen warmen Ort stellen und 120 Minuten ruhen lassen.

2 Backblech mit Backpapier auslegen.

3 Nach der Ruhezeit den Teig auf einer leicht bemehlten Arbeitsfläche platzieren. Nach Geschmack die Samen und Kerne einarbeiten und gut verkneten. Zu einem runden Laib formen und auf das vorbereitete Bachblech setzen. Zugedeckt weitere 120 Minuten ruhen lassen.

4 Ofen auf 230 Grad Ober- und Unterhitze vorheizen. Das Brot mit Wasser bestreichen und Mehl bestäuben. Eine ofenfeste Schale mit etwas Wasser füllen und auf den Boden des Ofens stellen. Das Brot im Ofen 15 Minuten anbacken. Dann die Ofentemperatur auf 200 Grad reduzieren und weitere 40 Minuten backen.

5 Aus dem Ofen nehmen und auskühlen lassen.

Besonders gute Ergebnisse erzielt man, wenn man das Brot in einem Gusseisentopf backt.

Kapitel 2

SCHNELL & EINFACH

Unser Alltag hält uns häufig auf Trab.
Ob Uni, Job, Freizeit – oft ist der Tag voll mit Terminen und Verpflichtungen.
Oder vielleicht wollen wir die Zeit auch mal anders nutzen, als lange in der Küche zu stehen. Das sollte aber nicht dazu führen, auf leckere und energiespendende Mahlzeiten zu verzichten. Im Gegenteil:

In diesem Kapitel zeige ich dir, wie du dich mit schnell und einfach zubereiteten Gerichten in stressigen Zeiten verwöhnen kannst. Denn nicht vergessen: Mit dir fängt alles an.
Wie wäre es also mit einer **One-Pot-Zitronen-Pasta?**

ZWEI LECKERE PESTO-VARIATIONEN

WALNUSS-BASILIKUM-PESTO & TOMATEN-PESTO

PORTIONEN
ca. je 200 g

VORBEREITUNGSZEIT
5 Minuten

ZUBEREITUNGSZEIT
5 Minuten

GESAMTE ARBEITSZEIT
10 Minuten

Ein (selbst gemachtes) Pesto sollte nicht im Kühlschrank fehlen dürfen. Es ist perfekt, wenn man sich schnell und einfach ein leckeres Pasta-Gericht zubereiten möchte. Ich verwende Pesto aber auch sehr gerne für andere Rezepte, um dem Gericht mehr Geschmack zu verleihen: in Tomatensaucen, als Aufstrich auf einem Sandwich oder zum Marinieren von Kartoffeln. Das Walnuss-Basilikum-Pesto und das Tomaten-Pesto sind dafür die besten Grundlagen!

WALNUSS-BASILIKUM-PESTO

40 g Basilikum
2 TL Basilikum, getrocknet
60 g Walnüsse
30 g Hefeflocken
100 ml Olivenöl
2 Knoblauchzehen, geschält
2 EL Zitronensaft
1 TL Meersalz
½ TL Paprikaflocken, optional

TOMATEN-PESTO

75 g getrocknete Tomaten
½ EL Tomatenmark
10 Basilikumblätter
1 TL Basilikum, getrocknet
30 g Pinienkerne, geröstet
20 g Hefeflocken
75 ml Olivenöl
1 Knoblauchzehe, geschält
1 TL Meersalz
½ TL Paprikaflocken

1 Zutaten für das jeweilige Pesto mit einem Mixer pürieren. Die Konsistenz sollte cremig sein, darf aber auch etwas „stückig" sein. Nach Geschmack nochmals würzen.

2 In ein Vorratsglas füllen und im Kühlschrank lagern.

Das Pesto hält sich im Kühlschrank bis zu 2 Wochen.

SPAGHETTI
MIT CREMIGER TOMATENSAUCE UND CASHEW-PARMESAN

PORTIONEN
2 Portionen

VORBEREITUNGSZEIT
5 Minuten

ZUBEREITUNGSZEIT
15 Minuten

GESAMTE ARBEITSZEIT
20 Minuten

Wer kennt es nicht aus der Kindheit: Spaghetti mit Tomatensauce! Hinter diesem Rezept stecken aber nicht nur Nudeln in Tomatensauce. Die Sauce ist sehr aromenreich und besonders cremig – dank Cashewmus! Serviert wird das Pastagericht mit scharf angebratenen Tomaten, einem selbst gemachten, würzigen Parmesan und frischen Basilikumblättern.

Cremige Tomatensauce

1 EL Öl

1 Zwiebel, klein gehackt

2 Knoblauchzehen, klein gehackt

1 EL Tomatenmark

400 g Tomaten (aus der Dose), gehackt

½ TL Paprikapulver

1 TL Kräuter der Provence

Salz und Pfeffer

1 TL Ahornsirup

1 EL Cashewmus *

160 g Spaghetti

Gebratene Tomaten

1 EL Öl

⅓ TL Meersalz

150 g Cocktailtomaten

Cashew-Parmesan

50 g Cashewkerne, fein gerieben

5 g Hefeflocken

½ TL Salz

½ TL Knoblauchpulver

1 Öl in einem Topf erhitzen, Zwiebel und Knoblauch darin anschwitzen. Tomatenmark einrühren und 3 Minuten braten. Mit gehackten Tomaten ablöschen und aufkochen lassen. Gewürze, Ahornsirup und Cashewmus einrühren und etwa 5 Minuten bei geringer Hitze köcheln lassen. Nach Bedarf Wasser dazugießen.

2 Spaghetti nach Packungsanweisung zubereiten.

3 Für die gebratenen Tomaten Öl und Meersalz in eine Pfanne geben und erwärmen. Die Cocktailtomaten dazugeben und bei geschlossenem Deckel etwa 5 Minuten scharf anbraten. Zwischendurch die Pfanne schwenken.

4 Alle Zutaten für den Cashew-Parmesan in einem Mixer fein oder grob mixen oder in einer kleinen Schale vermischen.

5 Spaghetti mit der Sauce vermengen und in eine Pastaschale füllen. Die gebratenen Tomaten dazu servieren und mit dem Cashew-Parmesan bestreuen. Nach Geschmack mit Basilikumblättern garnieren.

Statt Cashewmus kann man auch Mandelmus verwenden.
Beide Sorten sind sehr mild im Geschmack und eignen sich dadurch besonders gut für Saucen.

SPICY-ASIA-NUDELPFANNE
MIT ERDNUSSSAUCE UND SESAM-TOFU

PORTIONEN
2 Portionen

VORBEREITUNGSZEIT
5 Minuten

ZUBEREITUNGSZEIT
15 Minuten

GESAMTE ARBEITSZEIT
20 Minuten

Hände hoch, wenn du asiatische Nudelpfannen genauso sehr magst wie ich! Wenn ich mich mal dazu entscheide, Essen nach Hause zu bestellen, dann fällt die Wahl oft auf die asiatische Küche. Es schmeckt einfach so lecker und ist auch sehr bequem und schnell ;-). Mit diesem Rezept klappt es mindestens genauso schnell und einfach zu Hause: Nudeln in einer cremigen süß-scharfen Erdnusssoße, gebratene Paprikastreifen und leckerer Sesam-Tofu. Serviert mit frischen Lauchzwiebeln, gehackten und salzigen Erdnüssen und geröstetem Sesam. Super simpel – super lecker!

Nudelpfanne

160 g breite Nudeln

200 g geräucherter Tofu

2 EL Sesamöl

1 rote Paprika *, in Streifen geschnitten

1 EL frischer Ingwer

1 EL Sesam

Süß-scharfe Erdnusssoße

60 g Erdnussmus

40 ml Sojasauce

30 ml Sesamöl

1 EL Sambal Oelek

20 ml Reisessig

½ EL Ahornsirup

Außerdem

1 Lauchzwiebel, klein geschnitten

Geröstete Erdnüsse

Gerösteter Sesam

1 Wasser in einem Topf erhitzen und Nudeln nach Packungsanweisung kochen. Sobald die Nudeln gar sind, diese abgießen.

2 Tofu mit Küchenpapier trocken tupfen und die Flüssigkeit leicht herausdrücken. Danach in Würfel schneiden.

3 Zutaten für die Erdnusssauce pürieren. Sollte die Sauce zu dickflüssig sein, mehr Wasser hinzugeben.

4 Sesamöl in einer Pfanne erwärmen. Tofu hineingeben und etwa 10 Minuten bei mittlerer Hitze braten. Gelegentlich umrühren. Paprika und Ingwer dazugeben und weitere 5 Minuten braten. Zum Schluss den Sesam hinzufügen, alles miteinander verrühren und 2 bis 3 Minuten rösten lassen.

5 Etwa die Hälfte der Erdnusssauce in der Pfanne gut verrühren. 2 bis 3 Minuten leicht köcheln lassen. Die restliche Sauce und die Nudeln ebenfalls dazugeben. Alles miteinander vermengen und 5 Minuten bei niedriger Hitze anbraten.

6 Nudelpfanne in Schalen servieren. Mit Lauchzwiebeln, Erdnüssen und geröstetem Sesam bestreuen.

* Weitere Möglichkeiten sind Brokkoli, Möhren, Champignons oder Sprossen.

ONE-POT-ZITRONEN-PASTA
MIT ZUCCHINI UND MAIS

PORTIONEN
2 Portionen

VORBEREITUNGSZEIT
10 Minuten

ZUBEREITUNGSZEIT
15 Minuten

GESAMTE ARBEITSZEIT
25 Minuten

Nichts geht über ein simples One-Pot-Gericht, wenn die Zeit knapp ist und man eine Menge an Geschirr sparen möchte. Diese sommerliche Zitronen-Pasta ist in weniger als 30 Minuten fertig und man benötigt nur einen Topf. Das Pasta-Gericht besteht aus, einer cremigen Zitronensauce aus Gemüsebrühe und Kokosmilch, Mais und Zucchini und frischem Basilikum.

2 EL Öl

1 kleine Zwiebel, klein gehackt

2 Knoblauchzehen, fein gehackt

1 kleine Zucchini

1 Dose Mais (285 g Abtropfgewicht)

160 g Nudeln

350 ml Gemüsebrühe

200 ml Kokosmilch oder Soja Cuisine

1 Zitrone, ausgepresst

Salz und Pfeffer

⅓ TL Paprikaflocken

10 Basilikumblätter, grob gehackt

1 Öl in einem Topf erhitzen. Zwiebel und Knoblauch hineingeben und 3 bis 4 Minuten anschwitzen, bis die Zwiebel glasig ist. Zucchini halbieren und in Scheiben schneiden. Mais abtropfen lassen und mit der Zucchini in den Topf geben. Etwa 5 Minuten braten und dabei gelegentlich umrühren.

2 Nudeln hinzugeben. Alles mit Brühe und Kokosmilch aufgießen. Mit Zitronensaft, Salz, Pfeffer und Paprikaflocken würzen. Aufkochen lassen und 15 bis 20 Minuten bei mittlerer Hitze kochen, bis die Nudeln gar sind und eine cremige Sauce entstanden ist. Zum Schluss Basilikum einrühren und nach Bedarf abschmecken.

3 Noch warm mit frischem Basilikum servieren.

Statt Zucchini und Mais passen auch Brokkoli oder saisonaler Spargel dazu.

ROTE-BEETE-SUPPE

PORTIONEN
4 Portionen

VORBEREITUNGSZEIT
10 Minuten

ZUBEREITUNGSZEIT
20 Minuten

GESAMTE ARBEITSZEIT
30 Minuten

Es gibt vermutlich keine andere Suppe, die in mir so viele wohlige Kindheitserinnerungen hervorruft, wie „Barszcz“. Hinter dem Zungenbrecher steckt eine aromatische Rote-Beete-Suppe. Obwohl ich als Kind kein großer Fan von Suppen war, habe ich mich auf diese immer sehr gefreut. Denn die klare Suppe mit dem typischen süß-säuerlichen Geschmack ist nicht nur optisch ein wahrer Hingucker, sondern auch geschmacklich so lecker. Die gute Nachricht: Meine Variante der Suppe ist simpel und schnell zubereitet. Serviert wird sie mit geriebener roter Beete als Einlage, Dill und nach Geschmack mit einem Schuss veganer Sahne.

750 ml Gemüsebrühe
500 ml Rote-Beete-Saft
1 Knoblauchzehe, gepresst
½ Zitrone, ausgepresst
1 EL Mehl
500 g Rote Beete, gekocht
250 ml Soja Cuisine
1 TL Zucker
Salz und Pfeffer
Frischer Dill

1 Brühe und Rote-Beete-Saft in einen Topf gießen und aufkochen. Knoblauch und Zitronensaft hinzugeben.

2 In einer kleinen Schale Mehl mit einem Schuss Wasser glatt rühren. In die leicht köchelnde Suppe einrühren und etwa 5 Minuten bei mittlerer Hitze weiter kochen lassen.

3 Rote Beete grob reiben und zusammen mit Soja Cuisine in die Suppe geben. Mit Zucker, Salz und Pfeffer und reichlich Dill abschmecken.

4 Suppe in Schälchen geben und mit einem Schuss Soja Cuisine und frischem Dill servieren.

CREMIGE THAI-ERDNUSS-NUDELSUPPE

PORTIONEN
2 Portionen

VORBEREITUNGSZEIT
15 Minuten

ZUBEREITUNGSZEIT
10 Minuten

GESAMTE ARBEITSZEIT
25 Minuten

Diese cremige Thai-Nudelsuppe ist perfekt für die Tage, an denen du Lust auf eine wohlige und gesunde Suppe hast, die in weniger als 30 Minuten fertig ist! Die Nudelsuppe ist dank Kokosmilch besonders cremig. Rote Currypaste verleiht ihr eine angenehme Schärfe und Erdnussmus sorgt für extra viel Geschmack. Was wäre eine Suppe ohne eine Einlage? Nudeln und gebratener Tofu geben den nötigen Biss. Serviert wird die Nudelsuppe mit Frühlingszwiebeln, geröstetem Sesam und Erdnusskernen für den extra Crunch! Und das Beste: Du benötigst nur einen Topf!

400 g Tofu, geräuchert oder Natur

1 EL Öl zum Anbraten

1 Zwiebel, klein gehackt

2 Knoblauchzehen, klein gehackt

1 EL frischer Ingwer, klein gehakt

1 EL rote Curry-Paste

1 EL Tomatenmark

400 ml Kokosmilch

1 Liter Gemüsebrühe

1 EL Sojasauce

2 EL Ahornsirup

1 EL Erdnussmus

½ Limette, ausgepresst

350 g asiatische Nudeln

Außerdem

Gerösteter Sesam

Geröstete Erdnusskerne

1 Lauchzwiebel, klein geschnitten

1 Tofu mit Küchenpapier trocken tupfen und dabei die Flüssigkeit leicht herausdrücken. Danach in Würfel schneiden.

2 Öl in einem großen Topf erwärmen. Tofu hineingeben und etwa 5 Minuten bei mittlerer Hitze braten. Gelegentlich umrühren. Zwiebeln, Knoblauch und Ingwer hinzugeben und 3 bis 4 Minuten andünsten. Curry-Paste und Tomatenmark einrühren und 3 Minuten braten.

3 Kokosmilch und Brühe hineingießen und mit Sojasauce, Ahornsirup, Erdnussmus, Gewürze und Limettensaft abschmecken. Anschließend aufkochen lassen.

4 Sobald die Suppe kocht, Nudeln hinzugeben und je nach Nudelsorte etwa 8 Minuten gar kochen. Sollte die Suppe zu dickflüssig werden, mehr Brühe dazugeben.

5 Die Nudelsuppe nach Geschmack mit geröstetem Sesam, Erdnusskernen und Lauchzwiebeln in Schälchen servieren.

ROTES LINSEN-DAL

PORTIONEN
2 Portionen

VORBEREITUNGSZEIT
10 Minuten

ZUBEREITUNGSZEIT
20 Minuten

GESAMTE ARBEITSZEIT
30 Minuten

Mein erstes Linsen-Dal habe ich auf einem Food-Festival gegessen. Es war ein kalter, regnerischer Tag und ich konnte mir in diesem Augenblick nichts Besseres vorstellen, als ein wärmendes und wohltuendes Gericht. Es war köstlich! Ich bin ein großer Fan der indischen Küche und es war daher keine große Überraschung, dass mir das Dal so gut schmeckte! Seit diesem Tag bereite ich mir das indische Linsengericht auch schnell und einfach zu Hause zu. Zusammen mit einem Pfannenbrot und einem Schuss Kokosmilch ein wahres Wohlfühl-Rezept!

Rotes Linsen-Dal

2 EL Öl

1 Zwiebel, klein gehackt

2 Knoblauchzehen, klein gehackt

1 EL frischer Ingwer, klein gehackt

1 TL Kurkumapulver

1 TL Curry-Gewürz

½ TL edelsüßes Paprikapulver

1 TL Kreuzkümmelpulver

½ TL Chiliflocken, optional

Salz und Pfeffer, nach Geschmack

200 g rote Linsen

400 g Tomaten (aus der Dose), gehackt

400 ml Kokosmilch

100 ml Gemüsebrühe

1 EL Ahornsirup

Außerdem

Frische Korianderblätter

Fladenbrot aus der Pfanne (Rezept Seite 106)

Schuss Kokosmilch, oder Pflanzenjoghurt

1 Öl in einem Topf erhitzen. Zwiebel, Knoblauch und Ingwer hinzugeben und etwa 2 bis 3 Minuten anschwitzen, bis die Zwiebel glasig ist. Gewürze einrühren und weitere 3 bis 4 Minuten braten. Zwischendurch rühren.

2 Rote Linsen, gehackte Tomaten, Kokosmilch, Brühe und Ahornsirup hinzugeben, gut verrühren und aufkochen lassen. Anschließend bei niedriger Hitze etwa 20 Minuten köcheln lassen, bis die Linsen weich sind. Sollte das Linsen-Dal zu dickflüssig sein, mehr Brühe oder Wasser hinzugeben.

3 Sobald die Linsen weich sind, das Dal in eine Schale füllen und nach Geschmack mit frischen Korianderblättern, einem Schuss Kokosmilch und Fladenbrot servieren.

Das Dal lässt sich auch wunderbar mit Reis servieren.

„STICKY“-SESAM-TOFU MIT SÜSSSAUER SAUCE UND REIS

PORTIONEN
2 Portionen

VORBEREITUNGSZEIT
15 Minuten

ZUBEREITUNGSZEIT
15 Minuten

GESAMTE ARBEITSZEIT
30 Minuten

Meine ersten Tofu-Erfahrungen waren ziemlich gruselig. Ich wusste nicht recht, was ich mit dem Tofu-Block auf dem Schneidebrett anstellen sollte. Das lieblos zubereitete Ergebnis war nicht besonders lecker. Ein paar Restaurantbesuche und Experimente in der Küche später haben mich zu einem echten Tofu-Liebhaber gemacht. Mit ein paar einfachen Tipps und Tricks lässt sich Tofu lecker und aromatisch zubereiten. Eine würzige Marinade für den Geschmack, Stärkemehl für ein besonders knuspriges Ergebnis und eine leckere Sauce dazu – mehr braucht es nicht.

Sticky-Sesam-Tofu

200 g geräucherter Tofu

2 EL Sojasauce

1 EL Ahornsirup

1 TL Sesamöl

¼ Chiliflocken oder mildes Chilipulver

2 EL Stärkemehl

1 EL Sesam

2 EL Sesamöl zum Anbraten

Süßsaure Sauce

1 EL Sesamöl

3 EL Sojasauce

1 EL Reisessig

1 EL Ahornsirup

2 EL brauner Zucker oder Kokoszucker

1 Knoblauchzehe, gepresst

1 EL frischer Ingwer, klein gehackt

Beilagen

200 g Jasmin-Reis

1 Brokkoli, in Röschen geteilt

Außerdem

1 Frühlingszwiebel, klein geschnitten

Gerösteter Sesam

Geröstete Erdnusskerne

1 Tofu mit Küchenpapier trocken tupfen und dabei die Flüssigkeit leicht herausdrücken. Danach in Würfel schneiden. Sojasauce, Ahornsirup, Sesamöl und Chiliflocken in einer flachen Schüssel zu einer Marinade verrühren und die Würfel darin 10 Minuten ziehen lassen. Im Anschluss Stärkemehl und Sesam einrühren, alles miteinander vermengen und beiseitestellen.

2 Alle Zutaten für die süßsaure Sauce in einem hohen Gefäß mit einem Pürierstab pürieren.

3 Reis nach Packungsanleitung zubereiten. Den Brokkoli garen oder mit dem Tofu braten.

4 Sesamöl in einer Pfanne erwärmen. Tofu hineingeben und etwa 10 Minuten bei mittlerer Hitze braten, bis der Tofu goldbraun ist. Gelegentlich umrühren. Optional Brokkoli dazugeben und weitere 3 bis 4 Minuten braten. Süßsaure Sauce hinzugeben, alles miteinander verrühren und 2 bis 3 Minuten leicht köcheln lassen, bis die Sauce andickt.

5 Tofu zusammen mit Brokkoli und Reis in Schälchen geben. Mit Frühlingszwiebeln, geröstetem Sesam und Erdnüssen bestreuen.

ORIENTALISCHER KICHER-ERBSEN-AUBERGINEN-EINTOPF

PORTIONEN
3-4 Portionen

VORBEREITUNGSZEIT
10 Minuten

ZUBEREITUNGSZEIT
20 Minuten

GESAMTE ARBEITSZEIT
30 Minuten

Ein wärmender Eintopf darf in meiner Wohlfühl-Rezeptsammlung nicht fehlen. Ganz besonders nicht dieser Kichererbsen-Auberginen-Eintopf voller orientalischer Gewürze und Aromen. Schon die Zubereitung dieses Gerichts macht Hunger, denn die ganze Küche wird danach duften. Eintöpfe benötigen oft viel Zeit. Diese Variante ist hingegen perfekt für die schnelle Küche. Ein paar wenige Grundzutaten, ein paar Handgriffe und fertig ist ein geschmacksvoller Eintopf.

Auberginen-Eintopf

2 Auberginen (ca. 500 g)

2 EL Olivenöl

Meersalz und Pfeffer

1 EL Öl zum Anbraten

1 Zwiebel, klein gehackt

2 Knoblauchzehen, klein gehackt

1 EL frischer Ingwer, klein gehackt

1 TL Harissapaste

¾ TL Kreuzkümmelpulver

1 TL Kurkumapulver

½ TL Paprikaflocken

800 g Tomaten (aus der Dose), gehackt

2 EL Ahornsirup

½ Zitrone, ausgepresst

400 g Kichererbsen, gekocht (265 g Abtropfgewicht)

100 ml Wasser oder Gemüsebrühe, nach Bedarf

Beilagen

240 g Reis

Frische Petersilie oder Koriander

1 Ofen auf 220 Grad Ober- und Unterhitze vorheizen. Ein Backblech mit Backpapier auslegen.

2 Auberginen klein schneiden und mit Öl, Salz und Pfeffer vermengen. Auf das Backblech verteilen und im Ofen etwa 20 Minuten backen.

3 Reis nach Packungsanweisung zubereiten.

4 Öl in einem großen Topf erwärmen. Zwiebel, Knoblauch und Ingwer hinzugeben und 3 bis 4 Minuten andünsten. Die Harissapaste, die Gewürze, etwas Salz und Pfeffer einrühren und weitere 3 Minuten anbraten. Gehackte Tomaten hineingießen und Ahornsirup und Zitronensaft dazugeben. Kichererbsen hinzufügen und etwa 10 Minuten bei geringer Hitze köcheln lassen. Sobald die Aubergine fertig ist, diese hinzugeben. Nach Bedarf Wasser oder Brühe hinzugeben.

5 Reis und Eintopf in Schalen servieren und nach Geschmack mit frischer Petersilie garnieren.

Das Rezept eignet sich auch als Meal Prep!
Je länger der Eintopf durchzieht, desto geschmacksvoller wird er.

RATATOUILLE
MIT CREMIGER POLENTA

PORTIONEN
4 Portionen

VORBEREITUNGSZEIT
15 Minuten

ZUBEREITUNGSZEIT
15 Minuten

GESAMTE ARBEITSZEIT
30 Minuten

Frisches Sommergemüse in einer fruchtigen Tomatensauce. Ratatouille ist ein einfacher Gemüseeintopf. Durch das Schmoren, eine Vielfalt von Gemüsesorten und Kräutern schmeckt es sehr gut. In Kombination mit cremiger Polenta bereitet man sich schnell und einfach ein frisches und zugleich „gemütliches" Wohlfühl-Gericht für Körper und Seele zu. Das Tolle an einem Ratatouille ist, dass es sich auch prima zur Resteverwertung eignet. Außerdem kann man die Gemüseauswahl je nach Saison und regionaler Verfügbarkeit variieren.

Ratatouille

- 1 Aubergine, klein geschnitten
- Salz
- 3 EL Olivenöl zum Anbraten
- 1 kleine Zwiebel, klein gehackt
- 2 Knoblauchzehen, fein gerieben
- 2 kleine Zucchini, klein geschnitten
- 2 rote Paprika, klein geschnitten
- 2 Möhren, klein geschnitten
- 3 EL Tomatenmark
- 1 EL Rosmarin, getrocknet
- 1 EL Thymian, getrocknet
- 1 EL Oregano, getrocknet
- 800 g Tomaten (aus der Dose), gehackt
- 1 EL Aceto balsamico
- 1 EL Zucker
- Meersalz und Pfeffer
- Frisches Basilikum

Cremige Polenta

- 400 ml Pflanzenmilch
- 200 ml Gemüsebrühe
- 150 g Polenta (Maisgrieß)
- 1 EL pflanzliche Margarine, optional
- Salz und Pfeffer

1 Klein geschnittene Aubergine einsalzen und 10 Minuten ziehen lassen. Anschließend gründlich abtupfen.

2 Öl in einem großen Topf erwärmen. Zwiebel und Knoblauch hinzugeben und 3 Minuten andünsten. Zucchini, Paprika, Möhren und Aubergine hinzugeben und 5 Minuten braten. Dabei das Gemüse gelegentlich umrühren. Tomatenmark und getrocknete Kräuter einrühren und kurz braten. Gehackte Tomaten dazu gießen und verrühren. Mit Aceto balsamico, Zucker, Meersalz und Pfeffer abschmecken. Sollte es zu dickflüssig sein, mehr Wasser oder Brühe dazugeben. 15 bis 20 Minuten leicht köcheln lassen.

3 Für die Polenta Pflanzenmilch und Brühe in einem Topf aufkochen. Den Herd auf geringe Hitze stellen und langsam die Polenta einrühren. Etwa 10 bis 15 Minuten quellen lassen. Dabei immer mal wieder umrühren. Zum Schluss pflanzliche Margarine einrühren und mit Salz und Pfeffer abschmecken.

4 Polenta und Ratatouille zusammen servieren und mit frischem Basilikum garnieren.

Je länger das Ratatouille schmort, desto aromatischer wird es.
Es lässt sich auch wunderbar am Abend zuvor vorbereiten.

Kapitel 3

GEMÜTLICH KOCHEN

Was gibt es Schöneres, als einen gemeinsamen Abend mit Freunden oder Familie genießen zu dürfen und ganz ohne jeglichen Zeitdruck zusammen zu kochen?

Für mich sind das die ganz persönlichen Glücksmomente und genau dafür sind die folgenden Rezepte wie die **Spinat-Ricotta-Lasagne mit Champignons** oder eine **griechische Bowl mit rote Linsen-Frikadellen Bifteki-Art** gedacht.

INDISCHES KOKOS-BLUMENKOHL-CURRY MIT KICHERERBSEN

PORTIONEN
3-4 Portionen

VORBEREITUNGSZEIT
15 Minuten

ZUBEREITUNGSZEIT
40 Minuten

GESAMTE ARBEITSZEIT
55 Minuten

Ein Muss unter den Wohlfühl-Rezepten ist dieses Curry – mein Lieblingscurry! Currys sind einfach und ohne großen Aufwand zubereitet und benötigen meist nur Zutaten aus dem Vorratsschrank. Zudem kann man sie immer wieder neu variieren oder als Grundlage nutzen, um seinen Gemüsevorrat aufzubrauchen. Dieses Rezept bietet dafür die perfekte Grundlage! Es ist lecker, aromatisch, super cremig und einfach gemacht. Zusammen mit Blumenkohl und Kichererbsen schmeckt es einfach toll! Aber auch Brokkoli, Spinat, Tofu oder Süßkartoffeln sind eine leckere Ergänzung. Bereite dir das Curry nach deinem Geschmack zu!

Curry

2 EL Öl

1 Zwiebel, klein gehackt

2 Knoblauchzehen, klein gehackt

1 EL frischer Ingwer, klein gehackt

300 g Möhren, grob gewürfelt

½ EL rote Currypaste

2 EL Tomatenmark

400 ml Kokosmilch

250 ml Gemüsebrühe

250 ml passierte Tomaten

1 TL Garam-Masala-Curry-Gewürzmischung

2 EL Ahornsirup

½ Blumenkohl, ca. 500 g

400 g Kichererbsen, gekocht (265 g Abtropfgewicht)

Beilagen

240 g Reis

Fladenbrot

Gerösteter Sesam

Frische Kräuter

1 Öl in einem Topf erhitzen. Zwiebel, Knoblauch und Ingwer hinzufügen und anschwitzen, bis die Zwiebel glasig ist. Möhren dazugeben und weitere 5 Minuten braten. Currypaste und Tomatenmark einrühren und 3 bis 4 Minuten braten. Zwischendurch rühren.

2 Kokosmilch, Brühe, passierte Tomaten, Garam-Masala-Gewürz und Ahornsirup dazugeben, aufkochen und 30 Minuten bei mittlerer Hitze köcheln lassen.

3 Reis nach Packungsanweisung zubereiten.

4 Curry mit einem Mixer fein pürieren, bis es cremig ist. Wieder in den Topf füllen und nach Bedarf nachwürzen.

5 Curry nochmals aufkochen und den Blumenkohl hinzufügen. Etwa 10 Minuten leicht köcheln lassen, bis der Blumenkohl gar ist. In den letzten 5 Minuten Kichererbsen hinzufügen. Nach Bedarf mehr Wasser oder Brühe hinzugeben.

6 Reis und Curry in einer Schale nach Geschmack mit Fladenbrot, frischen Kräutern und geröstetem Sesam servieren.

7 Das Curry anschließend im Kühlschrank lagern. Dort hält es sich etwa 3 Tage.

EINFACHES PILZRISOTTO

PORTIONEN
2 Portionen

VORBEREITUNGSZEIT
10 Minuten

ZUBEREITUNGSZEIT
30 Minuten

GESAMTE ARBEITSZEIT
40 Minuten

Ein Risotto ist ideal, wenn man Lust auf gemütliches Kochen hat, ohne dass es dabei kompliziert oder aufwendig wird. Bei diesem leckeren Pilzrisotto benötigt man einen Topf und einfache Zutaten. Besonders an diesem Rezept ist, dass die Champignons zunächst in etwas Öl und vielen Kräutern angebraten werden, um so eine würzige und aromatische Grundlage zu schaffen, bevor Reis und Gemüsebrühe hinzugegeben werden. Hefeflocken runden das Ganze ab. Wer es besonders käsig mag, kann noch veganen Reibekäse einrühren. Auch brate ich zusätzlich Champignons in einer Pfanne an und serviere sie mit dem fertigen Risotto und Cashew-Parmesan. Dieses Pilzrisotto ist super cremig und herrlich aromatisch.

Risotto

2 EL Öl

200 g Champignons, halbiert

Meersalz und Pfeffer

2 EL pflanzliche Margarine

2 Schalotten, klein gehackt

2 Knoblauchzehen, fein gehackt

1 TL Basilikum, getrocknet

1 EL Thymian, getrocknet

250 g Risottoreis

600 ml Gemüsebrühe

3 EL Hefeflocken

3 EL Zitronensaft

50 g veganer Reibekäse, optional

Champignon-Topping

1 EL Öl

100 g Champignon, halbiert

Meersalz und Pfeffer

Außerdem

Frische Kräuter

Cashew-Parmesan (Rezept auf Seite 48)

1 Öl in einem Topf erwärmen. Champignons hinzufügen und würzen. Etwa 5 bis 8 Minuten bei mittlerer Hitze braten. Zwischendurch umrühren. Pflanzliche Margarine, Schalotten, Knoblauchzehen und getrocknete Kräuter hinzugeben und gut verrühren. Weitere 5 Minuten braten, bis die Schalotten glasig sind. Risottoreis dazugeben, 3 bis 5 Minuten braten lassen, dabei weiter rühren.

2 ⅓ der Brühe dazugeben und etwa 5 Minuten köcheln lassen, bis der Reis die Flüssigkeit aufgesogen hat. Wieder einen Teil Brühe dazugeben und köcheln lassen, solange wiederholen, bis die Brühe vollständig aufgebraucht ist. Nach Bedarf mehr Brühe als angegeben verwenden.

3 Danach Hefeflocken, Zitronensaft und nach Geschmack Reibekäse einrühren und gegebenenfalls nachwürzen.

4 Öl in einer Pfanne erwärmen. Darin Champignons mit Meersalz und Pfeffer etwa 5 bis 8 Minuten braten, bis die Champignons weich und leicht angeröstet sind.

5 Risotto mit Champignons, frischen Kräutern und Cashew-Parmesan servieren.

Je nach Saison kann man statt Pilze auch anderes Gemüse verwenden.

GRIECHISCHE BOWL:
ROTE-LINSEN-FRIKADELLEN BIFTEKI-ART MIT KRITHARAKI UND KNOBLAUCH-DIP „TSATSIKI STYLE“

PORTIONEN
2 Portionen

VORBEREITUNGSZEIT
35 Minuten

ZUBEREITUNGSZEIT
20 Minuten

GESAMTE ARBEITSZEIT
55 Minuten

Von der griechischen Küche inspiriert ist diese Bowl: Frikadellen aus roten Linsen und Kräutern serviert mit griechischen Nudeln (Kritharaki), die mit frischer Zitrone und Dill verfeinert werden und einem Knoblauch-Dip „Tsatsiki Style“. Das Rezept ist perfekt für eine gemütliche Kochrunde, wenn sich Gäste ankündigen oder wenn man Lust auf eine kulinarische Reise nach Griechenland hat.

TIPP!
Veganen Fetakäse dazu servieren!

Knoblauch-Dip
½ Gurke
Salz
250 g veganer Quark oder Skyr
2 Knoblauchzehen, gepresst
2 EL Dill
½ Zitrone, ausgepresst
1 EL Olivenöl
Salz und Pfeffer nach Geschmack

Rote-Linsen-Frikadellen
125 g rote Linsen
250 ml Gemüsebrühe
1 kleine Zwiebel, klein gehackt
2 Knoblauchzehen, fein gerieben
1 EL Hefeflocken, optional
2 TL edelsüßes Paprikapulver
2 EL frische Petersilie, klein gehackt
½ TL Kreuzkümmelpulver
1 TL Salz
½ TL Pfeffer
Öl zum Braten

Griechische Nudeln
1 EL Öl
1 Knoblauchzehe, fein gerieben
150 g Kritharaki
600 ml Wasser
1 EL Zitronensaft
2 EL Dill

Außerdem
Cocktailtomaten, klein geschnitten
Veganer Fetakäse, zerbröselt
Petersilie

1 Knoblauch-Dip „Tsatsiki Style“: Gurke grob schälen und klein raspeln. Leicht einsalzen und 10 Minuten ziehen lassen. Veganen Quark in einer Schüssel glatt rühren. Gurke leicht ausdrücken und mit den restlichen Zutaten in den Quark rühren und abschmecken. Bis zum Servieren kühl stellen.

2 Frikadellen: Rote Linsen in der Brühe etwa 10 Minuten gar kochen. Überschüssiges Wasser abgießen, die Linsen in einer Schüssel kurz abkühlen lassen. Restliche Zutaten hinzugeben und mit den Händen gut vermengen. Nach Geschmack nachwürzen. 10 kleine Frikadellen aus der Masse formen. Öl in einer Pfanne erhitzen, die Frikadellen 4 bis 5 Minuten pro Seite bei mittlerer bis hoher Hitze braten, bis sie knusprig und goldbraun sind. Beiseitestellen.

3 Griechische Nudeln: Öl in einem Topf erwärmen. Knoblauch und Nudeln hineingeben und unter Rühren 3 Minuten anbraten. Wasser dazugießen, 7 bis 8 Minuten leicht köcheln lassen, bis die Nudeln gar sind. Überschüssiges Wasser abgießen. Zitronensaft und Dill einrühren und beiseitestellen.

4 Frikadellen mit den griechischen Nudeln und dem Knoblauch-Dip servieren. Nach Geschmack mit Cocktailtomaten, veganem Fetakäse und frischer Petersilie servieren.

GEFÜLLTE PAPRIKA IN TOMATENSAUCE
MIT TOFU-REIS-FÜLLUNG

PORTIONEN
6 große Paprika

VORBEREITUNGSZEIT
30 Minuten

ZUBEREITUNGSZEIT
60 Minuten

GESAMTE ARBEITSZEIT
90 Minuten

Kennt ihr diese Gerichte, auf die man sich immer freut? Dieses Rezept gehört für mich dazu. Im Ofen gebackene Paprika mit einer saftigen Tofu-Reis-Füllung und aromatischen Tomatensauce. Die Zubereitung ist ganz simpel, daher durfte das Rezept in diesem Kochbuch nicht fehlen. Für die Füllung verwende ich gerne die geräucherte Variante von Tofu, da sie geschmacklich sehr gut dazu passt. Außerdem empfehle ich, etwas Soja Cuisine oder Hafer Cuisine in die Sauce zu rühren, um ihr einen besonders leckeren und cremigen Geschmack zu verleihen!

6 große Paprika

Tofu-Reis-Füllung

150 g Reis

400 g Tofu, geräuchert

3 EL Öl

1 Zwiebel, klein geschnitten

2 Knoblauchzehen, fein gehackt

3 EL Tomatenmark

Salz und Pfeffer, nach Geschmack

1 TL edelsüßes Paprikapulver

Tomatensauce

1 EL Olivenöl

1 Zwiebel, klein geschnitten

2 Knoblauchzehen, fein gehackt

1 EL Tomatenmark

400 g Tomaten (aus der Dose), gehackt

500 ml passierte Tomaten

125 ml Soja Cuisine

Salz und Pfeffer, nach Geschmack

1 EL italienische Kräuter

1 TL Gemüsebrühepulver

1 TL Zucker

⅓ TL Chiliflocken, optional

1 Paprika waschen, Deckel abschneiden und aushöhlen. Reis nach Packungsanweisung kochen. Tofu mit Küchenpapier trocken tupfen, Flüssigkeit etwas auspressen, mit den Händen oder einer Gabel fein zerbröseln.

2 Öl in einer Pfanne erhitzen und den Tofu scharf anbraten, bis er leicht angeröstet ist. Zwiebel und Knoblauch hinzufügen und 5 Minuten bei mittlerer Hitze anbraten. Tomatenmark einrühren, kräftig würzen und 2 bis 3 Minuten braten.

3 Gekochten Reis mit dem Tofu vermischen, in die Paprika füllen, Deckel draufsetzen und in eine leicht gefettete Auflaufform legen.

4 Öl in einem Topf erhitzen, Zwiebel und Knoblauch darin anschwitzen. Tomatenmark einrühren und 3 Minuten braten. Mit gehackten und passierten Tomaten ablöschen und aufkochen lassen. Soja Cuisine dazugeben und würzen. Bei geringer Hitze 5 Minuten köcheln lassen. Nach Bedarf Wasser dazugießen.

5 Ofen auf 180 Grad Ober- und Unterhitze vorheizen. Die fertige Soße in die Auflaufform verteilen. Im vorgeheizten Ofen 45 bis 60 Minuten zugedeckt backen*.

6 Gefüllte Paprika mit der Sauce servieren.

Für mehr Röstaromen in den letzten 10 bis 15 Minuten die Temperatur auf 220 Grad stellen und die Paprika ohne Abdeckung backen.

SPINAT-RICOTTA-LASAGNE

MIT CHAMPIGNONS

PORTIONEN
4 Portionen

VORBEREITUNGSZEIT
40 Minuten

ZUBEREITUNGSZEIT
25 Minuten

GESAMTE ARBEITSZEIT
65 Minuten

Wenn ich mich für eine Lieblingslasagne entscheiden sollte, dann wäre es die Spinat-Ricotta-Lasagne mit Champignons. Es macht nicht nur Spaß, die Lasagne zu essen, sondern auch, sie zuzubereiten. Denn in diesem Rezept verzichte ich auf Käse-Ersatz-Produkte wie Reibekäse, sondern mache es einfach selbst. Und es gibt nichts Cooleres, als am Ende sagen zu können: „Hey, alles was hier nach Käse schmeckt, ist selbst gemacht." Geschichtet wird die Lasagne mit einer Béchamel-Sauce und einer Spinat-Ricotta-Füllung mit Champignons und „käsigem" Hefeschmelz. Was für ein Wohlfühl-Gericht.

Cashew-Ricotta

200 g Cashewkerne

2 Knoblauchzehen, geschält

2 EL Zitronensaft

3 EL Hefeflocken

½ TL Salz

125 ml Pflanzenmilch

Ca. 10 Lasagneplatten (ca. 210 g)

Béchamel-Sauce

40 g pflanzliche Margarine

40 g Mehl

500 ml Pflanzenmilch

1–2 EL Zitronensaft

Salz und Pfeffer

frisch geriebene Muskatnuss, nach Geschmack

Füllung

3 EL Öl

500 g braune Champignons, grob gewürfelt

Meersalz und Pfeffer

1 Zwiebel, klein gehackt

2 Knoblauchzehen, gepresst

500 g TK-Blattspinat

1 TL Oregano, getrocknet

Cashew-Ricotta, oder 300 g veganen Fetakäse

Hefeschmelz

60 g pflanzliche Margarine, oder Öl

30 g Mehl

250 ml Wasser

30 g Hefeflocken

2 TL veganer Senf

1–2 TL Salz

¾ TL Kurkumapulver

Pfeffer, nach Geschmack

frisch geriebene Muskatnuss, nach Geschmack

1 Cashewkerne mit heißem Wasser überdecken und 15 Minuten einweichen, absieben. TK-Blattspinat auftauen.

2 **Béchamel-Sauce:** Pflanzliche Margarine in einem Topf schmelzen. Mehl einrühren und unter ständigem Rühren bei schwacher Hitze 2 bis 3 Minuten anschwitzen. Nach und nach die Pflanzenmilch zugießen und dabei weiter rühren, damit keine Klümpchen entstehen. Aufkochen lassen und mit Salz, Pfeffer, Zitronensaft und Muskat abschmecken. Bei niedriger Hitze etwa 10 Minuten köcheln lassen.

3 **Cashew-Ricotta:** Alle Zutaten in einem Mixer cremig pürieren. In eine Schüssel füllen.

4 **Füllung:** Öl in einer Pfanne erhitzen. Champignons hinzugeben und mit Salz und Pfeffer würzen. Bei mittlerer Hitze 8 bis 10 Minuten anbraten. Knoblauch und Zwiebel hinzugeben und 3 bis 4 Minuten anschwitzen, bis die Zwiebel glasig ist. Die Flüssigkeit aus dem Spinat herausdrücken und dazugeben. Mit Oregano, Meersalz und Pfeffer abschmecken und gut vermischen. Weitere 5 Minuten braten. Cashew-Ricotta dazugeben und gut miteinander vermischen.

5 **Hefeschmelz:** Margarine in einem Topf schmelzen. Mehl einrühren und unter ständigem Rühren bei schwacher Hitze 2 bis 3 Minuten anschwitzen. Nach und nach Wasser zugießen und dabei weiter rühren, damit keine Klümpchen entstehen. Kurz aufkochen lassen und Hefeflocken einrühren. Vom Herd nehmen und mit Senf, Salz, Kurkumapulver und nach Geschmack mit Pfeffer und Muskatnuss abschmecken.

6 Ofen auf 180 Grad Ober- und Unterhitze vorheizen. Eine Auflaufform leicht einfetten. Eine dünne Schicht Béchamel-Sauce auf den Boden verteilen. Dann eine Lage Lasagneplatten. Wieder etwas Béchamel-Sauce, dann die Hälfte der Füllung und eine Lage Lasagneplatten. Nochmal wiederholen und dabei die restliche Füllung aufbrauchen. Zum Schluss die restliche Béchamel-Sauce auf die Lasagne-Platten verteilen und den Hefeschmelz über die Lasagne verteilen.

7 Im Ofen 25 Minuten backen, bis der Hefeschmelz leicht bräunt. Vor dem Servieren kurz abkühlen lassen.

Hefeschmelz eignet sich gut zum Überbacken. Zum Beispiel für die Pizza auf Seite 82.

TACOS
MIT KNUSPRIGEM BLUMENKOHL UND LIMETTEN-TAHINI-DRESSING

PORTIONEN
8 Tacos

VORBEREITUNGSZEIT
10 Minuten

ZUBEREITUNGSZEIT
40 Minuten

GESAMTE ARBEITSZEIT
50 Minuten

Gefüllte Tacos oder Wraps sind immer eine gute Idee! Sie sind einfach gemacht, lassen sich ganz nach eigenem Geschmack zusammenstellen und sind perfekt für gesellige Runden. Mit der Zeit habe ich die perfekte Zusammenstellung für mich entdeckt: Frischer Salat, Avocado, Kichererbsen oder Bohnen, knuspriger Blumenkohl aus dem Ofen – serviert mit einem Limetten-Tahini-Dressing und frischen Kräutern. Ausgewogen, gesund und lecker!

Blumenkohl

1 kleiner Blumenkohl, in Röschen geteilt

2–3 EL Öl

2 EL Zitronensaft

1 TL Paprikapulver

1 TL Kreuzkümmelpulver

1 TL Zwiebelpulver

1 TL Knoblauchpulver

½ TL mildes Chilipulver

½ TL Salz

½ TL Pfeffer

Taco-Füllung

8 Tacos/Tortillas

400 g Kichererbsen, gekocht (265 g Abtropfgewicht)

Salat

1 Avocado

Koriander

Limetten-Tahini-Dressing

60 g Tahini (Sesammus)

1 EL Agavensirup

⅓ TL Kurkumapulver

1 Limette, ausgepresst

½ TL Salz

1 EL frische Petersilie, klein gehackt

¼ TL Zwiebelpulver

¼ TL Knoblauchpulver

30 ml Wasser

1 Blumenkohl: Ofen auf 200 Grad Ober- und Unterhitze vorheizen. Ein Backblech mit Backpapier auslegen. Blumenkohl-Röschen in eine Schüssel geben. Die restlichen Zutaten zu einer Marinade verrühren und mit dem Blumenkohl vermengen. Auf das Backblech verteilen und im Ofen etwa 30 Minuten knusprig backen.

2 Füllung: Alle Zutaten für die Füllung vorbereiten und bereitstellen. Avocado nach Geschmack klein schneiden oder mit einer Gabel zerdrücken.

3 Dressing: Alle Zutaten in einem Behälter mit einem Stabmixer pürieren. Sollte das Dressing zu dickflüssig sein, mehr Wasser hinzugeben.

4 Tacos mit Salat, Avocado, Kichererbsen und knusprigem Blumenkohl füllen. Zum Schluss das Dressing darauf verteilen. Mit frischem Koriander servieren.

Die Möhren kann man auch durch Süßkartoffeln ersetzen oder komplett weglassen und stattdessen mehr Kürbis verwenden.

CREMIGE KÜRBISSUPPE
MIT KNUSPRIGEN KICHERERBSEN

PORTIONEN
4 Portionen

VORBEREITUNGSZEIT
30 Minuten

ZUBEREITUNGSZEIT
20 Minuten

GESAMTE ARBEITSZEIT
50 Minuten

Speisekürbisse wurden von mir lange unterschätzt! Dabei schmeckt Kürbis so lecker und lässt sich vielfältig verarbeiten. Eine cremige Kürbissuppe ist heute mein liebstes Herbstrezept. Ich kombiniere den Kürbis gerne mit Möhren oder Süßkartoffeln und backe das Gemüse im Ofen gar, damit besonders leckere Röstaromen entstehen können. Mit Kokosmilch püriert und fertig ist die goldene und cremige Kürbissuppe! Als extra knuspriges Topping zu der cremigen Suppe passen würzige Kichererbsen und Kürbiskerne.

Ofen-Kichererbsen

400 g Kichererbsen, gekocht (265 g Abtropfgewicht)

2 EL Öl

½ TL Paprikapulver

Salz und Pfeffer

Kürbissuppe

1 Hokkaido-Kürbis, ca. 1,5 kg, klein gewürfelt

300 g Möhren*, klein gewürfelt

2 EL Öl zum Marinieren

2 EL Öl zum Anbraten

1 Zwiebel, klein gehackt

2 Knoblauchzehen, fein gehackt

1 EL frischer Ingwer, klein gehackt

400 ml Kokosmilch

400 ml Gemüsebrühe

1 TL edelsüßes Paprikapulver

½ TL Kurkumapulver

Salz und Pfeffer

Außerdem

Kürbiskerne

Schuss Kokosmilch

Frischer Dill

1 Ofen auf 200 Grad vorheizen. Ein Backblech mit Backpapier auslegen.

2 Kichererbsen mit Öl und Gewürzen marinieren und auf das Backblech verteilen.

3 Kürbis- und Möhrenwürfel in einer Schüssel mit dem Öl vermengen, auf das Backblech verteilen und in den Ofen geben. Gemüse und Kichererbsen etwa 20 Minuten backen, bis das Gemüse weich ist.

4 Gemüse in eine Schüssel füllen. Kichererbsen einmal „durchrütteln" und weitere 10 bis 15 Minuten im Ofen knusprig backen.

5 Öl in einem Topf erhitzen. Zwiebel, Knoblauch und Ingwer hinzugeben und anschwitzen, bis die Zwiebel glasig ist. Gebackene Kürbis- und Möhrenwürfel dazugeben und mit Kokosmilch und Brühe ablöschen. Gewürze hinzugeben und aufkochen lassen. Mit heruntergestellter Hitze etwa 15 bis 20 Minuten köcheln lassen.

6 Mit einem Pürierstab fein pürieren und nach Geschmack nachwürzen.

7 Suppe in Schalen füllen. Nach Geschmack einen Schuss Kokosmilch hinzugeben. Mit Kichererbsen, Kürbiskernen und frischem Dill toppen und servieren.

PIZZA-BRUSCHETTA
MIT TOMATEN UND BASILIKUM

PORTIONEN
2 kleine oder 1 große

VORBEREITUNGSZEIT
50 Minuten

ZUBEREITUNGSZEIT
20 Minuten

GESAMTE ARBEITSZEIT
70 Minuten

Wenn es eine Pizza mit dem Namen „Byanjushka" geben würde, dann wäre es vermutlich diese: Pizza-Bruschetta. Ein leckerer Hefeteig-Pizzaboden mit aromatischer Tomatensauce, belegt mit veganem Streukäse, frischen Tomaten und Kräutern. Simpel, aber unheimlich lecker und geschmacksvoll.

Pizzateig

250 g Weizenmehl

4 g Trockenhefe

1 TL Salz

⅓ TL Zucker

150 ml lauwarmes Wasser

1 EL Olivenöl

Tomatensauce

200 g Tomaten (aus der Dose), geschält

1 kleine Knoblauchzehe, fein gerieben

½ TL Salz

½ TL Paprikaflocken

½ TL Oregano, getrocknet

1 Prise Zucker

Außerdem

75 g veganer Reibekäse *

6 Tomaten, in Scheiben geschnitten

1 EL Olivenöl

1 Knoblauchzehe, fein gerieben

Salz und Pfeffer

½ TL Paprikaflocken

1 TL Oregano, getrocknet

Frischer Basilikum zum Servieren

1 **Pizzateig:** Mehl, Hefe, Salz und Zucker in einer Rührschüssel vermischen. Wasser und Öl hinzugeben und mit der Küchenmaschine oder von Hand etwa 8 bis 10 Minuten zu einem geschmeidigen Teig verkneten. Schüssel mit einem feuchten Tuch abdecken und an einem warmen Ort 30 Minuten ruhen lassen.

2 **Sauce:** Tomaten aus der Dose in eine Schüssel füllen und mit einer Gabel zerkleinern. Knoblauch, Salz, Paprikaflocken, Oregano und Zucker einrühren. Dann beiseitestellen.

3 Ofen auf 210 Grad Ober- und Unterhitze vorheizen. Ein Backblech mit Backpapier auslegen.

4 Pizzateig auf einer leicht bemehlten Arbeitsfläche etwa 0,5 cm dick zu einer großen Pizza oder zwei kleinen Pizzen ausrollen und auf das Backblech platzieren. Den Teig mit der Tomatensauce bestreichen und einen Rand von etwa 3 cm lassen. Mit veganem Reibekäse bestreuen.

5 Tomatenscheiben auf der Sauce verteilen. In einer kleinen Schale Öl, Knoblauch, Salz, Pfeffer, Paprikaflocken und Oregano verrühren und die Tomatenscheiben damit einstreichen. Im Ofen etwa 15 bis 20 Minuten backen, bis der Käse geschmolzen ist.

6 Pizza aus dem Ofen nehmen und mit frischem Basilikum servieren.

Für die Pizza eignet sich auch die selbst gemachte Käsesauce auf Seite 77.

PIROGGEN

MIT KARTOFFEL-FETA FÜLLUNG, KARAMELLISIERTEN ZWIEBELN UND KOKOS-SPECK

PORTIONEN
40 Stück

VORBEREITUNGSZEIT
60 Minuten

ZUBEREITUNGSZEIT
15 Minuten

GESAMTE ARBEITSZEIT
75 Minuten

Wenn meine Großeltern aus Polen zu Besuch bei uns waren, erinnere ich mich noch, wie meine Oma mit meiner Mutter stundenlang in der Küche stand und unzählige Piroggen füllte und formte. Bis heute zählen die gefüllten Teigtaschen zu meinem Lieblingsessen, denn sie lassen sich problemlos vegan zubereiten. Die Art der Füllung kann dabei variieren: Tofu-Gehacktes, Pilze und Sauerkraut oder Spinat oder sogar süß mit Heidelbeeren sind nur einige Ideen. Meine Favoriten waren aber immer Pierogi ruski mit einer würzigen Kartoffel-Käse-Füllung, die ich in diesem Rezept vegan zubereitet habe. Klassisch serviert mit karamellisierten Zwiebeln und krossem „Speck“ aus Kokoschips!

Piroggen lassen sich ungekocht einfrieren, wenn man sie zu einem späteren Zeitpunkt kochen möchte! Dazu die Piroggen auf dem bemehlten Teller zunächst in das Gefrierfach stellen, bis sie fest sind. Danach vorsichtig von dem Teller entfernen, in einen Gefrierbeutel geben und bis zum Gebrauch im Gefrierfach lagern.

Füllung

300 g mehlig kochende Kartoffeln, geschält

200 g veganer Fetakäse

1 große Zwiebel, klein geschnitten

3 EL Öl zum Anbraten

1 EL Zitronensaft

Salz und Pfeffer

3 EL Öl

Piroggen-Teig

300 g Weizenmehl

½ TL Salz

Ca. 200 ml lauwarmes Wasser

1 EL Öl

Kokos-Speck

75 g Kokoschips, keine Raspel

1 EL Öl

2 EL Sojasauce

1 EL Ahornsirup

½ EL Apfelessig

½ TL geräuchertes Paprikapulver

½ TL Kala Namak Salz

Karamellisierte Zwiebeln

1 EL Öl

2 Zwiebeln, klein geschnitten

Salz und Zucker

1 **Kokosspeck:** Zutaten in einer Schüssel gut vermischen. Kokoschips in der Marinade kurz durchziehen lassen. Ofen auf 180 Grad Ober- und Unterhitze vorheizen und ein Backblech mit Backpapier auslegen. Sobald der Ofen warm ist, Kokoschips auf das Backblech verteilen und etwa 15 Minuten kross backen. Dabei nach etwa 8 Minuten Backzeit einmal wenden.

2 **Füllung:** Kartoffeln in einem Topf in Salzwasser etwa 15 Minuten gar kochen. Veganen Fetakäse aus der Verpackung nehmen und abtropfen lassen. Dann in einer Schüssel mit einer Gabel fein zerkleinern. Zwiebeln schälen, klein schneiden und mit Öl in einer Pfanne goldbraun anbraten. Danach beiseitestellen.

3 Gar gekochte Kartoffeln abgießen und in eine große Schüssel geben. Noch heiß durch eine Kartoffelpresse drücken oder mit einem Kartoffelstamper zerstampfen. Kurz auskühlen lassen.

4 Für den **Teig** Mehl und Salz in eine große Schüssel geben und mittig eine Mulde bilden. Nach und nach das warme Wasser hineingießen. Etwa 8 bis 10 Minuten zu einem geschmeidigen Teig verkneten. Nach Bedarf mehr Wasser oder Mehl hinzugeben. Der Teig sollte nicht an den Händen kleben. Danach mit einem Tuch abdecken und 30 Minuten ruhen lassen.

5 Kartoffeln, Feta und die Zwiebel mit dem Öl aus der Pfanne zusammen mit Zitronensaft gut vermischen. Reichlich mit Pfeffer und nach Geschmack mit Salz abschmecken.

6 Den Teig auf einer bemehlten Arbeitsfläche 2 bis 3 m dünn ausrollen. Mit einem Ausstecher oder Glas etwa 8 cm große Kreise ausstechen. Den übrig gebliebenen Teig wieder zügig zusammenkneten und mit dem Tuch abdecken.

7 Etwa 1 TL der Füllung mittig auf den Kreis platzieren und den Rand mit etwas Wasser befeuchten. Die Kreise zuklappen und die Ränder mit bemehlten Fingern gut festdrücken. Dabei darauf achten, dass die Füllung nicht herausgedrückt wird.

8 Einen großen Teller leicht bemehlen. Piroggen darauf platzieren und bis zum Kochen abdecken, damit sie nicht trocken werden*. Fortführen, bis der Teig aufgebraucht ist.

9 In einem großen Topf Wasser mit etwas Salz und einem Schuss Öl zum Kochen bringen. Sobald das Wasser kocht, Temperatur herunterstellen und die Piroggen portionsweise (15 Stück) vorsichtig hineingeben. Das Wasser sollte nur leicht köcheln, da die Piroggen sonst aufplatzen können. Gelegentlich vorsichtig umrühren. Sobald die Piroggen an der Wasseroberfläche schwimmen, weitere 2 bis 3 Minuten köcheln lassen. Mit einem Schöpflöffel herausnehmen.

10 **Karamellisierte Zwiebeln:** Öl in einer Pfanne erwärmen. Zwiebel bei mittlerer Hitze darin glasig andünsten. Eine Prise Salz und Zucker zugeben und weitere 10 Minuten braten, bis die Zwiebel goldbraun ist.

11 Piroggen mit Zwiebeln und Kokosspeck servieren.

POLNISCHE „KROKETTEN“ MIT SAUERKRAUT UND PILZEN

PORTIONEN
4 Stück / 2 Portionen

VORBEREITUNGSZEIT
20 Minuten

ZUBEREITUNGSZEIT
30 Minuten

GESAMTE ARBEITSZEIT
50 Minuten

Bei polnischen „Kroketten“ handelt es sich um panierte und gefüllte Pfannkuchen. Ich glaube, ich muss nicht erklären, warum die Krokiety, so wie sie in Polen genannt werden, als Kind immer große Vorfreude in mir auslösten! Die polnischen Pfannkuchen werden gefüllt und eingerollt und anschließend paniert und knusprig gebraten. Als Kind kannte ich sie mit Hackfleischfüllung, heute entscheide ich mich für Sauerkraut und Pilze. Die polnischen Kroketten können nach dem Braten ohne Beilagen serviert werden. Ich esse sie aber gerne mit eingelegten Gurken!

Pfannkuchen
300 g Mehl
300 ml Soja- oder Hafermilch
5 EL Sprudelwasser
½ TL Salz
2 EL Öl zum Anbraten

Füllung
250 g Sauerkraut, Abtropfgewicht
½ TL Zucker
Gemüsebrühe
1 EL Öl zum Anbraten
250 g braune Champignons, klein geschnitten
1 große Zwiebel, klein gehackt
Salz und Pfeffer
1 EL Paniermehl

Panade
50 g Mehl
Salz
75 ml Pflanzenmilch
50 g Paniermehl
4 EL Öl zum Anbraten

Außerdem
Eingelegte Gurken zum Servieren

1 Zutaten für die Pfannkuchen zu einem glatten Teig verrühren. Öl in einer gut beschichteten Pfanne erhitzen. Mit einem Schöpflöffel Teig in die Pfanne geben, bis der Boden dünn bedeckt ist und 1 Minute braten. Wenden und bis zur gewünschten Bräune braten.

2 Sauerkraut und Zucker in einen Topf hineingeben, mit Brühe bedecken und 10 Minuten gar kochen. Öl in einer Pfanne erhitzen und Champignons und Zwiebel knusprig braten. Aus der Pfanne nehmen und auskühlen lassen. Sauerkraut und gebratene Champignons nochmals klein schneiden. Mit Salz und Pfeffer würzen. Paniermehl hinzugeben und gut vermischen.

3 Füllung auf die Pfannkuchen streichen, den Rand 2 cm frei lassen. Beide gegenüberliegenden Seiten nach innen klappen und von der offenen Seite vorsichtig aufrollen.

4 Mehl, Salz und Pflanzenmilch in einem tiefen Teller glatt rühren. Paniermehl in einen zweiten tiefen Teller verteilen. Eingerollte Pfannkuchen von allen Seiten in der Flüssigkeit vollständig wenden. Dann in dem Paniermehl wälzen.

5 Öl in einer Pfanne erhitzen. Pfannkuchen bei mittlerer Hitze rundherum braten, bis sie goldbraun sind.

6 Warm mit eingelegten Gurken servieren.

***Tipp:** Die Sauerkraut- und Pilz-Füllung eignet sich auch als Füllung für die polnischen Piroggen auf Seite 85.*

„SMOKY"-SÜSSKARTOFFEL-CHILI
MIT SCHWARZEN BOHNEN

PORTIONEN
4 Portionen

VORBEREITUNGSZEIT
20 Minuten

ZUBEREITUNGSZEIT
30 Minuten

GESAMTE ARBEITSZEIT
50 Minuten

Ein gutes Chili sollte in einer Rezeptsammlung nicht fehlen. Und dieses Rezept ist mein gutes Chili. Ich habe bereits viele Chili-Variationen ausprobiert, am besten hat es mir aber immer mit Süßkartoffeln und schwarzen Bohnen geschmeckt. Der Trick hinter der typischen „sämigen" Chili-Konsistenz ist es, das Ganze am Ende nochmal klein zu stampfen, so dass die Konsistenz feinem Hack ähnelt. Außerdem darf auch Zimt niemals fehlen. Klingt außergewöhnlich, macht aber DEN Unterschied!

2 EL Öl

1 rote Zwiebel, klein gehackt

1 Süßkartoffel (ca. 300 g), geschält und gewürfelt

3 Knoblauchzehen, klein gehackt

1 rote Paprika, klein geschnitten

1 große Möhre, klein geschnitten

½ TL Salz

1–2 EL mildes Chilipulver, nach Geschmack

2 TL Kreuzkümmelpulver

2 TL geräuchertes Paprikapulver

1 TL Zimtpulver

1 TL Oregano, getrocknet

800 g Tomaten (aus der Dose), gehackt

800 g schwarze Bohnen (aus der Dose), (je 265 g Abtropfgewicht)

1–2 EL Rotweinessig oder Limettensaft

2 EL frisch gehackte Petersilie

Gemüsebrühe oder Wasser nach Bedarf

Außerdem

1 Avocado, klein geschnitten

Frische Petersilie

1 Frühlingszwiebel, klein geschnitten

Brot

1 Öl in einem großen Topf erwärmen. Zwiebeln hineingeben und 5 Minuten glasig braten. Süßkartoffel und Knoblauch dazugeben und 3 Minuten braten. Paprika und Möhre hinzugeben und nochmal 3 bis 5 Minuten braten.

2 Salz, Chilipulver nach Geschmack, Kreuzkümmelpulver, Paprikapulver, Zimtpulver und Oregano einrühren. Tomaten, Bohnen, Rotweinessig oder Limettensaft und Petersilie dazugeben und verrühren. Aufkochen lassen und etwa 20 bis 30 Minuten leicht köcheln lassen. Sollte das Chili zu dickflüssig sein, mehr Wasser oder Brühe hinzufügen. Danach mit einem Kartoffelstampfer etwas zerstampfen, damit das Chili andickt.

3 Chili mit Avocado, Petersilie, Frühlingszwiebeln und Brot servieren.

Kapitel 4

SALATE, BEILAGEN & DIPS

Die nächste Grill-Party steht an?
Oder dein Gericht braucht noch das kleine,
aber ganz besondere Extra?

In diesem Kapitel findest du Inspirationen
zum Grillfest oder um nach Herzenslust
zu ergänzen und zu kombinieren. Aber mal ehrlich:
Falafel mit Hummus könnten auch einmal
die Hauptrolle übernehmen, oder nicht?

TÜRKISCHER BULGURSALAT

PORTIONEN
ca. 4 Portionen

VORBEREITUNGSZEIT
10 Minuten

ZUBEREITUNGSZEIT
10 Minuten

GESAMTE ARBEITSZEIT
20 Minuten

Wenn wir im Sommer grillen oder ein Buffet ansteht, dann bereite ich gerne diesen leckeren türkischen Bulgursalat vor. Der Salat ist ein beliebter Klassiker und schnell, einfach und ohne großen Aufwand zubereitet. Am besten schmeckt mir der Salat, wenn ich ihn am Abend zuvor vorbereite, sodass er über Nacht oder einige Stunden durchziehen und seine Aromen entfalten kann. Der Bulgursalat passt super als Beilage oder zu einem Grillbuffet. Dazu schmeckt auch das Pfannenbrot aus dem Kochbuch.

- 250 g Bulgur
- 500 ml Gemüsebrühe
- 3 Spitzpaprika
- 200 g Cocktailtomaten
- 1 Zwiebel
- 2 Knoblauchzehen
- ½ Bund Lauchzwiebel
- 80 g Tomatenmark
- 4 EL Öl
- 2 EL Zitronensaft
- Salz nach Geschmack
- 1 TL Paprikapulver
- 1 Bund Petersilie, gehackt
- Frische Minze, optional

1 Bulgur in einer Schüssel mit etwa 500 ml heißer Brühe oder Wasser übergießen. Der Bulgur sollte dabei knapp bedeckt sein. Gut umrühren und etwa 10 Minuten quellen lassen. Überschüssiges Wasser sollte abgeschöpft oder abgegossen werden.

2 Spitzpaprika und Cocktailtomaten waschen, Stielansätze entfernen und klein schneiden. Zwiebeln und Knoblauchzehen schälen und klein schneiden. Die Lauchzwiebel putzen und in Ringe schneiden.

3 In einer kleinen Schale Tomatenmark, Öl und Zitronensaft verrühren und gut mit dem Bulgur vermengen. Mit Salz und Paprikapulver abschmecken. Das Gemüse und Petersilie unterrühren. Nach Geschmack frische Minze hinzugeben.

TIPP!

Der Bulgur schmeckt am besten, wenn man ihn für einige Stunden oder über Nacht durchziehen lässt.

KRÄUTER-SESAM-KARTOFFELSALAT

PORTIONEN
4 Portionen

VORBEREITUNGSZEIT
10 Minuten

ZUBEREITUNGSZEIT
25 Minuten

GESAMTE ARBEITSZEIT
35 Minuten

Ich liebe Kartoffeln. Und ich liebe Salate. Die perfekte Grundlage für einen leckeren Kartoffelsalat! Zugegeben, er gehört nicht zu meinen Kindheitsklassikern. Ich war nie ein Fan von dem kalten Kartoffel-Mayo-Salat. Allerdings bin ich großer Fan von Kartoffeln und Salaten. Und Sesam! Die perfekte Grundlage für eine neu improvisierte Variante: Kartoffelsalat mit frischen Kräutern, Zwiebeln, eingelegten Gurken, Radieschen und einem cremigen Tahini-Dressing. Ob warm oder kalt: Es schmeckt so lecker und frisch!

1 kg Kartoffeln

1 EL Salz

Dressing

75 g Tahini/Sesammus

40 g veganer Senf

2 EL Zitronensaft

½ TL Salz

⅓ TL Pfeffer

½ TL Knoblauchpulver

⅓ TL edelsüßes Paprikapulver

1 TL Dill, frisch oder TK

Außerdem

1 rote Zwiebel, klein gehackt

50 g eingelegte Gurken, klein geschnitten

½ Bund Radieschen, in Scheiben geschnitten

½ Zitrone, ausgepresst

20 g Basilikumblätter, klein gehackt

Salz und Pfeffer

Gerösteter Sesam

Frische Basilikumblätter

1 Kartoffeln in einem großen Topf mit Wasser bedecken, salzen und aufkochen lassen. Sobald das Wasser kocht, Hitze auf mittlere Stufe reduzieren und die Kartoffeln etwa 15 bis 20 Minuten gar kochen. Anschließend abgießen.

2 Zutaten für das Dressing in ein hohes Gefäß füllen und mit einem Pürierstab cremig mixen. Sollte es dickflüssig sein, etwas mehr Wasser hinzugeben.

3 Die Kartoffeln halbieren oder vierteln und in eine große Servierschale geben. Dressing, Zwiebel, eingelegte Gurken, Radieschen sowie Zitronensaft und Basilikumblätter dazugeben und alles gut miteinander vermischen. Mit Salz und Pfeffer abschmecken.

4 Nach Geschmack mit geröstetem Sesam und frischem Basilikum noch warm oder kalt servieren. Anschließend im Kühlschrank lagern.

WINTERSALAT MIT GRANATAPFEL UND ORANGEN

PORTIONEN
4 Portionen

VORBEREITUNGSZEIT
10 Minuten

ZUBEREITUNGSZEIT
25 Minuten

GESAMTE ARBEITSZEIT
35 Minuten

Es gibt einen Salat, den ich selbst im Herbst und Winter liebend gerne serviere: Wintersalat mit fruchtigem Granatapfel, süß-säuerlichen Orangenscheiben, karamellisierten Walnüssen und zerbröseltem veganem Feta zusammen mit einem leckeren Granatapfel-Dressing. Der einfach zubereitete Salat bringt Leichtigkeit und Farbe in die kalte Jahreszeit.

200 g Walnüsse
100 g Ahornsirup
⅓ TL Zimtpulver
⅓ TL Meersalz
150 g Salat nach Wahl
50 g Rucola
2 Granatäpfel, davon die Kerne
2 Orangen, in Scheiben geschnitten
100 g veganer Fetakäse, klein zerbröselt, optional

Dressing
70 ml Olivenöl
3 EL Rotweinessig
1 EL Ahornsirup
1 EL veganer Senf
2 EL Granatapfelsaft
½ TL geriebene Orangenschale
Meersalz und Pfeffer

1 Ofen auf 180 Grad Ober- und Unterhitze vorheizen. Ein Backblech mit Backpapier auslegen.

2 Walnüsse mit Ahornsirup, Zimt und Salz vermengen und im Ofen etwa 15 bis 20 Minuten backen. Zwischendurch einmal wenden, damit sie gleichmäßig gebacken werden. Anschließend aus dem Ofen nehmen und beiseitestellen.

3 Salat, Rucola, Granatapfelkerne, Orangenscheiben, veganen Feta (optional) und die Walnüsse in einer großen Schüssel vermischen.

4 **Dressing:** Alle Zutaten in einem hohen Gefäß mit einem Stabmixer pürieren. Kurz vor dem Servieren das Dressing über den Salat verteilen.

BBQ-BLUMENKOHL-WINGS
MIT RANCH-DIP

PORTIONEN
2-3 Portionen

VORBEREITUNGSZEIT
10 Minuten

ZUBEREITUNGSZEIT
60 Minuten

GESAMTE ARBEITSZEIT
70 Minuten

Ich liebe es mit Gemüse in der Küche zu experimentieren! Vor allem mit Blumenkohl. Durch den milden Geschmack lässt er sich vielfältig zubereiten. Eines meiner Lieblingsrezepte sind geschmackvolle Blumenkohl-Wings aus dem Ofen. Vor dem Backen werden sie würzig paniert und anschließend mit einer rauchigen BBQ-Sauce mariniert. Du kannst eine gekaufte Sauce verwenden, wobei ich die selbst gemachte Variante bevorzuge. Die ist nämlich schnell und einfach gemacht und schmeckt so lecker! Ich serviere die Wings am liebsten mit einem Ranch-Dip oder auch als Beilage zu Reis!

1 Blumenkohlkopf, ca. 700 g, in Röschen geteilt

Panade

100 g Mehl
150 ml Pflanzenmilch
1 EL veganer Senf
3 EL Hefeflocken
2 TL edelsüßes Paprikapulver
½ TL Salz
¼ TL schwarzer Pfeffer
½ TL Knoblauchpulver

Außerdem

200 ml BBQ-Sauce, Rezepte siehe unten

BBQ-Sauce

250 ml passierte Tomaten
2 EL Tomatenmark
2 EL Sojasauce
2 EL brauner Zucker
1 EL Ahornsirup
2 EL Apfelessig
1 TL edelsüßes Paprikapulver
½ TL Knoblauchpulver
⅓ TL Kala Namak Salz, optional
⅓ TL Chiliflocken
100 ml Wasser, je nach Konsistenz

Ranch-Dip

100 g Cashewmus
50 ml Pflanzenmilch
2 EL Zitronensaft
½ TL Knoblauchpulver
1 TL Salz
⅓ TL schwarzer Pfeffer
¼ TL Zwiebelpulver
1 TL Apfelessig
1 TL Ahornsirup
1 TL Dill

1 Ofen auf 200 Grad Ober- und Unterhitze vorheizen. Ein Backblech mit Backpapier auslegen.

2 In einer Schüssel alle Zutaten für die Panade glattrühren. Die Blumenkohl-Röschen vollständig in die Panade tunken und auf dem Backblech verteilen. Im Ofen etwa 30 Minuten backen. Nach Hälfte der Backzeit einmal wenden, damit sie gleichmäßig gebacken werden.

3 Alle Zutaten für die BBQ-Sauce in einem Topf aufkochen. Bei geringer Hitze etwa 10 Minuten köcheln lassen und nach Geschmack nochmals würzen. In ein Vorratsglas füllen und beiseitestellen.

4 Blumenkohl-Wings aus dem Ofen nehmen, kurz abkühlen lassen und in eine große Schüssel füllen. 200 ml BBQ-Sauce dazugeben und gut miteinander vermengen. Die Blumenkohl-Wings wieder auf das Backblech verteilen und weitere 20 bis 30 Minuten im Ofen backen, bis sie leicht angeröstet sind.

5 Für den Ranch-Dip alle Zutaten mit einem Mixer vermengen. Danach in ein Vorratsglas füllen.

6 Blumenkohl-Wings aus dem Ofen nehmen und mit dem Ranch-Dip servieren.

WÜRZIGE KARTOFFEL-WEDGES
MIT AVOCADOCREME

PORTIONEN
2 Portionen

VORBEREITUNGSZEIT
10 Minuten

ZUBEREITUNGSZEIT
35 Minuten

GESAMTE ARBEITSZEIT
45 Minuten

Wann immer ich nicht weiß, was ich mir zubereiten soll, entscheide ich mich für Kartoffel-Wedges aus dem Ofen. Kartoffeln befinden sich eigentlich immer in meiner Vorratskammer und wer mag knusprige Ofen-Wedges nicht? Die Kartoffeln werden in etwas Öl und einer selbst gemachten Pommes-Gewürzmischung mariniert und im Ofen gebacken. Die Wedges lassen sich übrigens hervorragend dippen! Einer meiner Lieblingsdips ist eine leckere Avocadocreme aus nur 4 Zutaten! Oft esse ich die Kartoffeln nur mit dem Dip oder bereite mir noch eine weitere Beilage wie Gemüse, einen Bratling oder gebratenen Tofu zu.

Kartoffel-Wedges

Ca. 600 g Kartoffeln, in Wedges geschnitten

4 EL Öl

1 EL Pommes-Gewürz (Rezept siehe unten)

1 TL edelsüßes Paprikapulver

Meersalz

Avocadocreme

1 reife Avocado, entkernt

1–2 EL Zitronensaft

⅓ TL Knoblauchpulver

Salz und Pfeffer nach Geschmack

1 Ofen auf 200 Grad Ober- und Unterhitze vorheizen. Ein Backblech mit Backpapier auslegen.

2 Geschnittene Kartoffeln, Öl, Pommes-Gewürz und Paprikapulver in einer Schüssel gut miteinander vermischen. Die marinierten Wedges auf das Backblech verteilen und dabei darauf achten, dass sie nicht übereinander liegen. Mit Meersalz bestreuen.

3 Im Ofen etwa 15 bis 20 Minuten backen. Zwischendurch die Ofentür öffnen, damit Feuchtigkeit entweichen kann. Aus dem Ofen nehmen und einmal Wedges wenden. Anschließend weitere 15 bis 20 Minuten backen, bis sie goldbraun sind.

4 Zutaten für die Avocadocreme pürieren und gegebenenfalls abschmecken.

5 Die Wedges noch warm mit der Avocadocreme servieren.

Pommes-Gewürz

1 ½ EL edelsüßes Paprikapulver

1 TL Currypulver

1 EL Knoblauchpulver

1 TL Zwiebelpulver

1 TL Salz

1 TL schwarzer Pfeffer

⅓ TL Cayennepfeffer

1 TL Oregano, getrocknet

1 TL Thymian, getrocknet

1 Alle Zutaten gut vermischen und in ein Vorratsglas füllen. Trocken gelagert hält es sich bis zu 3 Monate.

FALAFEL MIT HUMMUS

PORTIONEN
4 Portionen

VORBEREITUNGSZEIT
10 Minuten (ohne Einweichzeit)

ZUBEREITUNGSZEIT
30 Minuten

GESAMTE ARBEITSZEIT
40 Minuten

Kichererbsen sind wahre Alleskönner! Sie sind nicht nur gesund, proteinreich und lecker, sondern auch vielseitig einsetzbar. Man kann sie pur essen, in Salaten, Suppen, Eintöpfen oder als knuspriges Topping servieren oder wie in diesem Rezept püriert zu Falafel und Hummus verarbeiten. Falafel machen sich prima als Beilage, in Currys oder in Wraps. Ich brate sie am liebsten in einer Pfanne oder frittiere sie in Öl. Hummus lässt sich als cremiger Dip, Brotaufstrich oder als Basis für Saucen verwenden.

Falafel

250 g getrocknete Kichererbsen *

2 EL Kichererbsenmehl

1 Bund Koriander oder Petersilie, grob gehackt

1 rote Zwiebel, grob geschnitten

3 Knoblauchzehen

2 TL Kreuzkümmelpulver

½ TL Backpulver oder Natron

½ Zitrone, ausgepresst

1 TL Salz

Öl zum Braten

Hummus

400 g Kichererbsen, gekocht (265 g Abtropfgewicht)

2 Knoblauchzehen

2 TL Kreuzkümmelpulver

⅓ TL Salz

3 EL Olivenöl

½ Zitrone, ausgepresst

4 EL Tahini (Sesammus)

3 EL Aquafaba (Kichererbsenwasser)

3 EL kaltes Wasser

1 Falafel: Kichererbsen mit reichlich Wasser bedecken und mindestens 12 Stunden einweichen. Danach abschütten und mit Wasser abspülen. Kichererbsen mit den restlichen Zutaten in einen Mixer geben und zu einer cremigen Masse pürieren. Es dürfen dabei ruhig noch ein paar Stückchen zu sehen sein. Aus der Masse etwa 20 kleine Kugeln formen.

In der Pfanne braten: Die Falafel beim Formen leicht andrücken, sodass sie sich von jeder Seite besser braten lassen. Öl in einer Pfanne erhitzen und die Falafel von jeder Seite 5 Minuten anbraten, bis sie knusprig und goldbraun sind.

In Öl frittieren: 1 Liter Rapsöl in einem Topf auf 180 Grad erhitzen. Falafel nacheinander in das heiße Fett geben und etwa 3 bis 5 Minuten goldbraun ausbacken. Danach auf Küchenpapier abtropfen lassen.

2 Hummus: Kichererbsen in einem Sieb abschütten und das Kichererbsenwasser (Aquafaba) auffangen. Kichererbsen mit den restlichen Zutaten in einem Mixer cremig pürieren. Nach Bedarf mit Salz abschmecken.

* Alternativ kann man auch etwa 500 g vorgekochte Kichererbsen aus dem Glas verwenden. Für Falafel verwende ich aber lieber getrocknete Kichererbsen, da ich hier die Erfahrung gemacht habe, dass die Masse besser zusammenhält.

KNUSPRIGE SELLERIE-SCHNITZEL

PORTIONEN
4 Portionen

VORBEREITUNGSZEIT
10 Minuten

ZUBEREITUNGSZEIT
20 Minuten

GESAMTE ARBEITSZEIT
30 Minuten

Wenn du auf der Suche nach einer fleischlosen Alternative für Schnitzel bist, dann solltest du die Sellerie-Variante unbedingt probieren! Ich selbst bin der größte Skeptiker, wenn es um „verstecktes" Gemüse geht, aber bis jetzt wurde ich nie enttäuscht. Im Gegenteil. Die Sellerie-Schnitzel sind außen knusprig und innen zart. Damit die Panade besonders knusprig gelingt, habe ich in dem Rezept Panko-Paniermehl verwendet. Dieses ist gröber und eignet sich damit besonders gut für knusprige Panaden. Die Schnitzel lassen sich nach Belieben servieren: Kartoffelpommes oder -püree, Salat, Gemüse oder Reis passen hervorragend dazu.

1 Knollensellerie

Panade

50 g Mehl

75 ml Pflanzenmilch

1 TL veganer Senf

½ TL Salz

¼ TL Pfeffer

½ TL Knoblauchpulver

50 g Panko-Paniermehl, oder feines Paniermehl

2 EL Hefeflocken

1 TL edelsüßes Paprikapulver

2 EL Öl zum Braten

Salz und Pfeffer

Beilagen

1 EL Öl

1 Zitrone, in Scheiben geschnitten

½ Brokkoli, in Röschen geteilt

Salz und Pfeffer

Ketchup

Frische Petersilie

1 Knollensellerie schälen, halbieren und in etwa 1,5 cm dicke Scheiben schneiden. In kochendem Salzwasser 10 Minuten garen und anschließend auf einem Küchenpapier abtropfen lassen.

2 Für die Panade Mehl, Pflanzenmilch, Senf, Salz, Pfeffer und Knoblauchpulver in einem tiefen Teller glatt rühren. Paniermehl, Hefeflocken und Paprikapulver in einem zweiten tiefen Teller vermischen. Sellerie vollständig in der flüssigen Mischung wenden, dann in dem Paniermehl wälzen.

3 Öl in einer Pfanne erhitzen. Sellerie-Schnitzel bei mittlerer Hitze auf jeder Seite 7 bis 10 Minuten braten, bis sie knusprig und goldbraun sind. Danach auf einen Teller mit Küchenpapier legen. Vor dem Servieren mit Salz und Pfeffer würzen.

4 Optional: Pfanne auswischen und Öl darin erhitzen. Zitronenscheiben 2 Minuten pro Seite anbraten und herausnehmen. Brokkoli in die Pfanne geben und 5 bis 8 Minuten gar braten. Mit Salz und Pfeffer würzen. Mit den Schnitzeln, Ketchup und frischer Petersilie servieren.

SCHNELLES PFANNENBROT

PORTIONEN
6 Fladenbrote

VORBEREITUNGSZEIT
10 Minuten

ZUBEREITUNGSZEIT
10 Minuten

GESAMTE ARBEITSZEIT
20 Minuten

Dieses Pfannenbrot ist mein Highlight. Zum einen: Was gibt es Besseres als ein frisches und warmes Brot als Beilage? Zum anderen: Es kommt ganz ohne Hefe aus und ist daher schnell und einfach zubereitet. Das Pfannenbrot lässt sich vielseitig einsetzen – ob zu indischen Currys oder Dals, Suppen, Salaten oder als Vorspeise mit Dips. Ich bestreiche es zusätzlich noch gerne mit Knoblauch- oder Basilikumöl, um dem Fladenbrot ein besonderes Aroma zu verleihen. Oder du probierst es mal mit getrockneten, mediterranen Kräutern im Teig.

300 g Mehl
1 TL Backpulver
1 TL Salz
1 EL Olivenöl
100 ml Wasser
100 g Sojajoghurt

1 Mehl, Backpulver und Salz in einer Rührschüssel vermischen. Olivenöl, Wasser und Sojajoghurt hinzugeben und 8 bis 10 Minuten zu einem geschmeidigen Teig verkneten. Anschließend 10 Minuten ruhen lassen.

2 Mehl auf einer Arbeitsfläche verteilen. Den Teig in etwa 6 gleich große Bällchen aufteilen und zu dünnen Fladen ausrollen.

3 Eine gut beschichtete Pfanne erwärmen. Die Fladenbrote in der Pfanne bei mittlerer Hitze von beiden Seiten kurz ausbacken, bis sich goldbraune Flecken bilden.

4 Anschließend nach Belieben servieren.

5 Kapitel

DESSERTS & SÜßE SNACKS

Das Beste kommt zum Schluss?

Was wäre ein leckeres Mittag- oder Abendessen ohne das tolle Dessert? Oder ein erholsamer Nachmittag ohne einen Snack für Zwischendurch, um dir deine Atempause zu versüßen? Es wäre vermutlich nur halb so lecker ;-). Meine Favoriten: die **Chocolate-Chip-Cookies** und das **Schoko-Bananenbrot** – beides ist auch unter meinen Freunden ziemlich beliebt.

MOHN-STREUSELKUCHEN

BACKFORM
20 cm Springform

VORBEREITUNGSZEIT
10 Minuten

ZUBEREITUNGSZEIT
45 Minuten

GESAMTE ARBEITSZEIT
55 Minuten

Mohn zählt zu meinen Lieblingszutaten in süßen Rezepten! Und dieser einfache Mohnkuchen mit knusprigen Streuseln ist ein wahrer Mohn-Traum und Kindheitsklassiker! Ein einfacher Mürbeteigboden und eine Vanille-Mohn-Füllung aus nur 4 Zutaten, die mit Streuseln bedeckt wird. Simpel, aber lecker! Wer auf Trockenobst wie Rosinen steht, kann diese noch mit in die Mohnmasse hinzugeben.

Mürbeteig

225 g Mehl

125 g Zucker

8 g Backpulver

1 Prise Salz

½ TL geriebene Orangenschale, optional

½ TL Vanille-Extrakt oder ½ Päckchen Vanillezucker

120 g pflanzliche Margarine, kalt

Mohn-Füllung

1 Päckchen Vanillepudding-Pulver

30 g Zucker

6 EL Soja- oder Hafermilch zum Anrühren

375 ml Soja- oder Hafermilch

100 g gemahlener Mohn

Streusel

50 g Mehl

25 g brauner Zucker

40 g pflanzliche Margarine, kalt

1 Prise Salz

½ TL geriebene Orangenschale, optional

1 Ofen auf 180 Grad Ober- und Unterhitze vorheizen. Backform leicht einfetten und Boden mit Backpapier auslegen.

2 In einer Schüssel Zutaten für den Mürbeteigboden zügig zu einem Teig verkneten*, gleichmäßig in die Backform drücken, dabei einen hohen Rand formen. Backform in den Kühlschrank stellen.

3 In einer Schale Puddingpulver, Zucker und 6 EL Sojamilch glatt rühren. Restliche Pflanzenmilch mit dem Mohn in einem Topf aufkochen. Angerührtes Puddingpulver einrühren. Bei mittlerer Hitze kurz aufkochen lassen und unter ständigem Rühren 1 Minute köcheln lassen. Vom Herd nehmen und weitere 5 Minuten quellen lassen. Ist die Füllung angedickt, die Masse auf den Kuchenboden verteilen.

4 In einer Schüssel Zutaten für die Streusel zügig verkneten und über den Kuchen verteilen.

5 Im Ofen 45 Minuten backen, bis der Kuchen durch ist und ein Holzspieß oder Messer beim Einstechen ohne flüssige Teigreste herauskommt. Ist der Kuchen fertig, den Ofen ausschalten und den Kuchen weitere 5 Minuten bei leicht geöffneter Ofentür im Ofen stehen lassen. Danach herausnehmen und auf einem Kuchengitter komplett auskühlen lassen.

* Alternativ den Teig in Folie einwickeln und 30 Minuten kalt stellen. So lässt er sich einfacher verarbeiten.

SAFTIGE NUSSECKEN

BACKFORM
Kuchenblech (ca. 39 x 26 x 4 cm)

PORTIONEN
ca. 18 Nussecken

VORBEREITUNGSZEIT
20 Minuten

ZUBEREITUNGSZEIT
30 Minuten

GESAMTE ARBEITSZEIT
50 Minuten

Leinsameneier

2 EL Leinsamen, geschrotet

6 EL Wasser

Teig

300 g Mehl

120 g Zucker

1 TL Backpulver

1 Prise Salz

1 Päckchen Vanillezucker

½ TL geriebene Orangenschale, optional

125 g pflanzliche Margarine

Belag

3 EL Aprikosenmarmelade zum Bestreichen

160 g pflanzliche Margarine

120 g Zucker

1 Päckchen Vanillezucker

300 g gemahlene Haselnüsse

100 g gehackte Haselnüsse

4 EL Wasser

200 g Zartbitterschokolade

Nussecken sind ein echter Klassiker! Wenn es früher mal in die Bäckerei ging, dann durfte ich mir manchmal ein kleines Teilchen aussuchen. Nussecken zählten dabei zu meinem Lieblingsgebäck. Man kann sie aber auch ganz einfach und vegan zu Hause nachbacken! Der Aufwand ist nicht groß und sie sind perfekt für einen Nachmittagskaffee oder -tee. Die Nussecken schmecken saftig, nussig und an den Ecken schokoladig! Wer kann da schon widerstehen?

1 Leinsamen mit Wasser in einer kleinen Schale verrühren und 10 Minuten quellen lassen.

2 Ofen auf 180 Grad Ober- und Unterhitze vorheizen. Backform leicht einfetten und mit Backpapier auslegen.

3 In einer Schüssel Zutaten bis auf die pflanzliche Margarine und Leinsameneier vermischen. Margarine in Stückchen und Leinsameneier dazugeben, zügig zu einem Teig verkneten*. Ausrollen und in die Backform drücken, sodass ein ebener Boden entsteht.

4 Aprikosenmarmelade mit einem Löffel auf dem Teig glatt streichen. Im Topf Margarine, Zucker und Vanillezucker erhitzen und schmelzen. Gemahlene und gehackte Nüsse sowie Wasser einrühren und kurz köcheln lassen. Dabei gut umrühren. Nussmasse auf dem Blech verteilen und ebenfalls glatt streichen.

5 Nussmasse 25 bis 30 Minuten backen, kurz abkühlen lassen. Mit dem Backpapier herausnehmen, in Quadrate schneiden und über die Ecken halbieren. Dann auskühlen lassen.

6 Zartbitterschokolade grob hacken und im Wasserbad schmelzen. Spitze Ecken der Nussecken jeweils in die Schokolade tunken, auf Backpapier legen und die Schokolade komplett trocknen lassen.

** Alternativ den Teig in Folie einwickeln und vor dem Ausrollen 30 Minuten kalt stellen. So lässt er sich einfacher verarbeiten.*

NO-BAKE-ZITRONENTARTE
MIT WEISSER SCHOKOLADE

BACKFORM
24 cm Tarteform mit Hebeboden

VORBEREITUNGSZEIT
5 Minuten

ZUBEREITUNGSZEIT
15 Minuten

GESAMTE ARBEITSZEIT
20 Minuten

Es ist kein Geheimnis, dass ich No-Bake- oder Raw-Desserts liebe! Denn diese süßen Rezepte kommen ganz ohne Backofen aus. So wie diese leckere und einfache Tarte. Der süße Mandel-Dattel-Boden und die cremige Zitronen-Schokoladen-Füllung benötigen beide je nur 5 Zutaten und harmonieren perfekt miteinander! Im Frühling und Sommer dekoriere ich die Tarte gerne mit frischen Beeren, um daraus ein leckeres und hübsches Dessert zu machen. Hier ist der Kreativität keine Grenze gesetzt.

Boden

250 g Mandeln oder Pekannüsse

80 g Kokosraspel

175 g Datteln, entsteint

1 TL Vanille-Extrakt

1 TL Kokosöl

Füllung

100 g weiße Schokolade

400 ml Kokosmilch

30 ml Zitronensaft + 1 TL Zitronenabrieb

½ TL Vanille-Extrakt

30 g Puderzucker

Dekoration

Frische Beeren

1 Zutaten für den Boden in einem Hochleistungsmixer zerkleinern, bis die Masse „klebrig" ist und zusammenhält. Die Masse gleichmäßig in eine Tarteform mit Hebeboden drücken und beiseitestellen.

2 Schokolade in Stücke brechen und mit der Kokosmilch in einem Topf erwärmen und dabei gut umrühren, bis die Schokolade geschmolzen und alles miteinander verrührt ist. Etwa 3 bis 4 Minuten leicht köcheln lassen. Die restlichen Zutaten einrühren, vom Herd nehmen und etwa 10 Minuten abkühlen lassen.

3 Die Füllung vorsichtig auf den Boden gießen und etwa 2 bis 4 Stunden in den Kühlschrank stellen, bis sie fest geworden ist.

4 Vor dem Servieren die Tarte aus der Form nehmen und nach Geschmack mit frischen Beeren dekorieren. Anschließend im Kühlschrank lagern.

BLAUBEERMUFFINS
MIT „SWIRL“ & ZIMTSTREUSEL

BACKFORM
Muffinblech

PORTIONEN
ca. 14 Muffins

VORBEREITUNGSZEIT
30 Minuten

ZUBEREITUNGSZEIT
25 Minuten

GESAMTE ARBEITSZEIT
55 Minuten

Was gibt es Besseres als Blaubeer-Muffins? Saftige Blaubeer-Muffins mit „Swirl“ und knusprigen Zimtstreusel! Hinter dem „Swirl“ steckt ein Strudel aus frischen Blaubeeren und Blaubeermarmelade. Zusammen mit einem fluffigen Vanilleteig und knusprigen Zimtstreusel on top ist jeder Biss ein Genuss! Diese leckeren Muffins mit Blaubeerfüllung sind perfekt für jeden Anlass. Und das Beste: Sie sind schnell und ohne großen Aufwand gebacken!

Streusel

50 g Mehl

25 g brauner Zucker

30 g pflanzliche Margarine, kalt

¼ TL Salz

½ TL Zimtpulver

Muffins

250 ml Soja- oder Hafermilch

2 EL Apfelessig

250 g Mehl

2 ½ TL Backpulver

½ TL Salz

150 g Zucker

70 ml Rapsöl

1 TL Vanille-Extrakt oder 1 Päckchen Vanillezucker

180 g Blaubeeren

100 g Blaubeermarmelade

1 Sojamilch und Apfelessig in einem Gefäß verrühren und etwa 10 bis 15 Minuten stehen lassen, damit die Sojamilch leicht gerinnen kann und einer Buttermilch ähnelt.

2 Muffinförmchen in die Muffinbackform setzen. Den Ofen auf 180 Grad Ober- und Unterhitze vorheizen.

3 Zutaten für die Streusel in einer Schüssel zu einem Teig verkneten. In den Kühlschrank stellen.

4 Für den Teig in einer großen Schüssel Mehl, Backpulver, Salz und Zucker vermischen. Öl, Vanille-Extrakt und die „Buttermilch" hinzugeben und kurz verrühren. Vorsichtig die Blaubeeren unterheben.

5 Teig gleichmäßig in die Muffinförmchen verteilen und je 1 TL Blaubeermarmelade in die Mitte des Teigs setzen. Mit einem Messer oder Holzspieß kurz umrühren, damit ein Strudelmuster entsteht. Streuselteig aus dem Kühlschrank nehmen und über die Muffins bröseln. Muffinform in den Ofen geben und etwa 20 bis 25 Minuten backen.

6 Danach aus dem Ofen nehmen und kurz auskühlen lassen.

MARMOR-HASELNUSS-GUGELHUPF
MIT SCHOKOLADENGLASUR

BACKFORM
18 cm Gugelhupf

VORBEREITUNGSZEIT
10 Minuten

ZUBEREITUNGSZEIT
60 Minuten

GESAMTE ARBEITSZEIT
70 Minuten

Manchmal darf es auch mal beides sein. Nusskuchen mit einer extra Portion Kakao als leckere Marmorvariante. In diesem Kuchen sind zwei beliebte Klassiker miteinander vereint. Mit Nuss- und Marmorkuchen kann man (bei mir) nie was falsch machen. Also was gibt es Besseres, als beide Kuchen kombiniert zu backen? Ob mit Puderzucker oder Schokoladenglasur, der Marmor-Haselnuss-Gugelhupf schmeckt einfach köstlich!

125 g pflanzliche Margarine oder 100 ml Rapsöl
150 g Apfelmus
1 EL Apfelessig
100 ml Soja- oder Hafermilch
1 TL Vanille-Extrakt
200 g Mehl
100 g gemahlene Haselnüsse
120 g Zucker
2 TL Backpulver
⅓ TL Salz
1 EL Backkakao
2 EL Pflanzenmilch

Glasur
100 g Zartbitter-Schokolade
3 EL Pflanzenmilch

Außerdem
40 g Haselnüsse, grob gehackt

1 Ofen auf 180 Grad Ober- und Unterhitze vorheizen. Die Backform leicht einfetten. Die pflanzliche Margarine in einem Topf schmelzen.

2 In einer Rührschüssel geschmolzene Margarine, Apfelmus, Apfelessig, Sojamilch und Vanille-Extrakt verrühren. Mehl, gemahlene Haselnüsse, Zucker, Backpulver und Salz vermischen und in die flüssige Masse unterrühren. Kurz zu einem glatten Teig verrühren.

3 ⅔ des Teigs in die Backform verteilen, restlichen Teig mit Backkakao und Pflanzenmilch verrühren. Den dunklen Teig auf den hellen Teig verteilen und eine Gabel spiralförmig durch die Teigschichten ziehen, damit das Marmormuster entsteht.

4 Im Ofen etwa 30 bis 35 Minuten backen. Kuchen mit Backpapier abdecken, damit er nicht verbrennt, und weitere 20 bis 25 Minuten backen, bis er durch ist und ein Holzspieß oder Messer beim Einstechen ohne flüssige Teigreste herauskommt. Herausnehmen und 10 Minuten stehen lassen. Danach aus der Form stürzen und auskühlen lassen.

5 Schokolade in Stücke brechen und über einem Wasserbad schmelzen lassen. Pflanzenmilch hinzugeben und verrühren. Dann über den Kuchen gießen. Mit gehackten Nüssen bestreuen und fest werden lassen.

SCHOKOLADEN-BANANEN-PUDDING

PORTIONEN
2 Dessertgläser

VORBEREITUNGSZEIT
5 Minuten

ZUBEREITUNGSZEIT
5 Minuten

GESAMTE ARBEITSZEIT
10 Minuten

... mit einer Zutat, die man so nicht erwarten würde! Ich war schon immer sehr offen gegenüber Experimenten in der Küche. Das Wichtigste ist dabei: Es muss schmecken! Die versteckte und gesunde Zutat in dem cremigen Schokoladen-Pudding ist Avocado! Die Avocado schmeckt ziemlich geschmacksneutral, wodurch sie sich nicht nur für herzhaftes, sondern auch für süße Rezepte eignet. Püriert mit Banane und Kakaopulver schmeckt es wunderbar lecker und eignet sich perfekt als schnelles 10-Minuten-Dessert mit aufgeschlagener Sahne oder als kleiner Snack für zwischendurch.

Schokoladen-Pudding

1 reife Avocado, entkernt und klein geschnitten

1 reife Banane, klein geschnitten

2 EL Kakaopulver

60 ml Pflanzenmilch

1 EL Agavendicksaft

1 Prise Salz

Sahne

200 ml vegane Schlagsahne zum Aufschlagen, kalt

1 Päckchen Vanillezucker

1 Päckchen Sahnesteif

Außerdem

Zartbitterschokolade, geraspelt

1 Für den Schokoladen-Pudding alle Zutaten mit einem Mixer in einem Gefäß pürieren, bis sie cremig sind.

2 Schokoladen-Pudding in zwei Dessertgläser füllen und kalt stellen.

3 In einem hohen Gefäß Schlagsahne, Vanillezucker und Sahnesteif mit einem Handrührgerät etwa 2 bis 3 Minuten steif schlagen.

4 Die vegane Schlagsahne auf dem Schokoladen-Pudding verteilen und mit geraspelter Zartbitterschokolade servieren.

CHOCOLATE-CHIP-COOKIES

PORTIONEN
ca. 18 Kekse

VORBEREITUNGSZEIT
30 Minuten

ZUBEREITUNGSZEIT
15 Minuten

GESAMTE ARBEITSZEIT
45 Minuten

Ein einfaches Rezept für leckere Chocolate-Chip-Cookies sollte man immer auf Lager haben. Die Kekse sind perfekt, um Freunde und Familie zu beeindrucken oder wenn man zwischendurch Lust auf einen ofenwarmen, super leckeren Keks hat. Die Kekse sind von außen leicht knusprig und von innen weich und SO GUT.

125 g pflanzliche Margarine
90 g brauner Zucker
50 g Zucker
60 ml Soja- oder Hafermilch
2 TL Vanille-Extrakt

200 g Mehl
1 TL Backpulver
¼ TL Salz
180 g Zartbitter-Schokoladendrops

1 In einer großen Schüssel pflanzliche Margarine, braunen Zucker und Zucker mit einem Handrührgerät cremig mixen. Sojamilch und Vanille-Extrakt hinzugeben und verrühren.

2 Mehl, Backpulver und Salz einrühren und so lange verrühren, bis alles vermischt ist. Danach die Schokoladendrops unterheben.

3 Den Teig 10 bis 15 Minuten in den Kühlschrank stellen.

4 Ofen auf 180 Grad Ober- und Unterhitze vorheizen. Ein Backblech mit Backpapier auslegen.

5 Den Teig mithilfe eines Eisportionierers oder Esslöffels als kleine Bällchen auf das Backblech verteilen. Dabei einen Abstand von etwa 7 cm zwischen den Bällchen lassen.

6 Die Kekse im Ofen etwa 12 bis 15 Minuten goldbraun backen. Aus dem Ofen nehmen und 5 Minuten auskühlen lassen. Entweder noch warm genießen oder komplett auskühlen lassen.

Luftdicht verschlossen halten sich die Kekse bis zu 4 Tage.

BIENEN-STICH

BACKFORM
20 cm Springform

VORBEREITUNGSZEIT
10 Minuten

ZUBEREITUNGSZEIT
45 Minuten

GESAMTE ARBEITSZEIT
55 Minuten

Es gibt einen Kuchen, den ich jedes Jahr mindestens einmal backe, ob als Geburtskuchen oder zum Vatertag: Bienenstich. Und zwar in der „Ruckzuck"-Variante. So sehr ich es auch liebe, viel Zeit in der Küche zu verbringen oder einen Hefeteig zu kneten, manchmal darf es auch die schnelle Variante sein – solange der Geschmack dabei nicht verloren geht. Und das ist bei diesem Kuchen nicht der Fall! Ein luftiger Biskuitkuchen mit leckerer Vanille-Sahne-Creme-Füllung und einer süßen Röstmasse aus karamellisierten Mandeln. So lecker!

Biskuitkuchen

225 g Mehl

150 g Zucker

9 g Backpulver

1 Päckchen Vanillezucker

⅓ TL Salz

75 ml Rapsöl

250 ml Sprudelwasser

Röstmasse

25 g pflanzliche Margarine

50 g Agavensirup oder anderen Sirup

1 EL Zucker

1 EL Pflanzenmilch

75 g gehobelte Mandeln

Vanille-Sahne-Creme-Füllung

20 g Vanillepudding-Pulver

20 g Zucker

250 ml Soja- oder Hafermilch

200 ml vegane Schlagsahne zum Aufschlagen

8 g Sahnesteif

1 Päckchen Vanillezucker

50 g pflanzliche Margarine, Zimmertemperatur

1 Ofen auf 180 Grad Ober- und Unterhitze vorheizen. Backform leicht einfetten und den Boden mit Backpapier auslegen.

2 Mehl, Zucker, Backpulver, Vanillezucker und Salz in einer Schüssel vermischen. Öl und Sprudelwasser dazugeben und kurz verrühren. Teig in die Kuchenform verteilen und im Ofen 35 Minuten backen.

3 Pflanzliche Margarine, Agavensirup und Zucker aufkochen. Mit Pflanzenmilch ablöschen und Temperatur herunterstellen. Gehobelte Mandeln einrühren und 2 bis 3 Minuten leicht köcheln lassen.

4 Kuchen aus dem Ofen nehmen und Röstmasse gleichmäßig auf den Kuchen verteilen. Weitere 10 Minuten backen, bis der Kuchen durch ist und die Mandeldecke leicht angeröstet. Auf einem Kuchengitter 10 Minuten auskühlen lassen. Vorsichtig aus der Form lösen und komplett auskühlen lassen.

5 Für die Vanille-Sahne-Creme Füllung Puddingpulver, Zucker, und 6 EL Pflanzenmilch in einer Schale glatt rühren. Restliche Milch in einem Topf aufkochen. Angerührtes Puddingpulver einrühren und bei mittlerer Hitze aufkochen. Unter ständigem Rühren 1 Minute köcheln lassen, in eine Schüssel füllen, abdecken, damit sich keine Haut bildet, und komplett auskühlen lassen.

6 Vegane Schlagsahne mit Sahnesteif und Vanillezucker steif schlagen und kalt stellen. Pflanzliche Margarine glatt rühren.

7 Ausgekühlten Pudding mit pflanzlicher Margarine vermischen und die aufgeschlagene Sahne unterheben.

8 Kuchen mittig durchschneiden und die obere Hälfte mit der Röstmasse in Kuchenstücke teilen*. Die untere Hälfte auf einer Tortenplatte platzieren und einen Tortenring um den Kuchen stellen (oder eine Springform verwenden). Creme gleichmäßig auf den Kuchenboden verteilen und die einzelnen Kuchendeckel auf die Creme setzen. Mindestens 2 Stunden kalt stellen.

9 Aus der Form lösen und servieren.

Dadurch wird verhindert, dass die Creme beim Anschneiden seitlich herausgedrückt wird.

BELGISCHE WAFFELN
MIT HEISSEN KIRSCHEN

PORTIONEN
2 Portionen

VORBEREITUNGSZEIT
15 Minuten

ZUBEREITUNGSZEIT
15 Minuten

GESAMTE ARBEITSZEIT
30 Minuten

Waffeln

100 g Mehl

20 g Vanillepudding-Pulver

1 TL Backpulver

1 EL Zucker oder Sirup nach Wahl

1 reife Banane, zerdrückt

1 EL pflanzliche Margarine, geschmolzen, oder Nussmus oder Öl

100 ml Sprudelwasser *

Heiße Kirschen

720 ml Glas Kirschen (350 g Abtropfgewicht)

½ Päckchen Vanillepudding-Pulver

Optional etwas Süßungsmittel

Außerdem

Puderzucker

200 ml vegane Schlagsahne

Fluffig leckere belgische Waffeln mit heißen Pudding-Kirschen. Wer kann da schon nein sagen? Ein im Gelingen sicheres Waffelrezept sollte jeder parat haben. Dieses Rezept eignet sich hervorragend dafür. Die Waffeln lassen sich ganz einfach in einem Waffeleisen zubereiten und sind innen fluffig weich und außen knusprig. Und das ganz ohne tierische Zutaten! Ich serviere sie am liebsten ganz klassisch mit heißen Kirschen und Puderzucker. Aber auch frisches Obst, Apfelmus oder ein Klecks aufgeschlagene Sahne passen dazu. Wie auch immer du sie servierst: Diese Waffeln sind ein wahrer Hochgenuss!

1 Mehl, Puddingpulver, Backpulver und Zucker in einer Rührschüssel vermischen. Zerdrückte Banane, geschmolzene pflanzliche Margarine und Sprudelwasser dazugeben und alles zu einem glatten Teig verrühren. Beiseitestellen und 10 bis 15 Minuten ruhen lassen.

2 Waffeleisen * leicht einfetten und erhitzen. Etwa 2 EL Waffelteig pro Waffel in das Waffeleisen verteilen und 5 Minuten ausbacken.

3 Kirschen in einem Sieb abtropfen lassen und den Kirschsaft dabei auffangen. Etwa 3 EL von dem Kirschsaft mit dem Puddingpulver in einer kleinen Schale glatt rühren. Den restlichen Saft in einem Topf aufkochen. Sobald der Kirschsaft kocht, das angerührte Puddingpulver einrühren und kurz aufkochen lassen. Die Kirschen unterheben.

4 Waffeln mit Puderzucker bestäuben, mit den heißen Kirschen und geschlagener Sahne servieren.

* Wenn du kein Waffeleisen zur Hand hast, dann kannst du stattdessen auch eine Waffel-Silikonform für den Ofen verwenden und die Waffeln bei 180 Grad etwa 20 Minuten backen.

Durch das Sprudelwasser werden die Waffeln besonders fluffig und außen knusprig. Alternativ kannst du auch dieselbe Menge Pflanzenmilch mit einem Schuss Sprudelwasser verwenden.

RAW CHOCOLATE COCONUT BARS
MIT SCHOKOLADEN-GANACHE

BACKFORM
20 x 20 cm Backform

VORBEREITUNGSZEIT
10 Minuten

ZUBEREITUNGSZEIT
60 Minuten

GESAMTE ARBEITSZEIT
70 Minuten

Boden

150 g Mandeln
100 g Datteln, entsteint
25 g Kokosraspel
10 g Kakaopulver
½ TL Vanille-Extrakt
1 EL Kokosöl, geschmolzen

Kokosfüllung

400 ml Kokosmilch, davon 200 g Kokoscreme*
125 g Kokosraspel
50 g Agavendicksaft
½ TL Vanille-Extrakt

Schokoladen-Ganache

400 ml Kokosmilch
180 g Zartbitterschokolade
30 g Puderzucker

Diese leckeren Bars sind perfekt für alle Dessertliebhaber, die den Ofen nicht anschmeißen wollen! Denn die Chocolate Coconut Bars werden nicht gebacken! Dadurch eignen sie sich auch perfekt für den Sommer – und was erinnert mehr an Sommer als der Geschmack von Kokos? Zusammen mit einem süßen Schokoladen-Nuss-Boden und einer cremigen Schokoladen-Ganache bereitet man sich schnell und einfach ein leckeres Dessert zu!

1 Backform leicht einfetten und mit Backpapier auslegen. Kokosmilch aus der Dose einige Stunden in den Kühlschrank stellen.

2 Zutaten für den Boden in einem Hochleistungsmixer zerkleinern, bis die Masse „klebrig" ist und zusammenhält. Masse gleichmäßig in die Backform drücken.

3 Mit einem Löffel die feste Kokoscreme aus der Kokosmilch-Dose herausnehmen und mit den restlichen Zutaten für die Füllung im Mixer pürieren. Die Masse auf den Schokoladen-Nuss-Boden in der Form streichen. Form 30 bis 60 Minuten ins Gefrierfach stellen, bis die Masse fest geworden ist.

4 Schokolade in kleine Stücke brechen, mit der Kokosmilch in einem Topf erwärmen und gut umrühren, bis die Schokolade geschmolzen und alles miteinander verrührt ist. Puderzucker einrühren und einige Minuten abkühlen lassen.

5 Ganache* auf die Masse gießen und 2 bis 4 Stunden in den Kühlschrank stellen, bis sie fest geworden ist.

6 Mit Beeren, Kokos- oder Schokoladenraspeln dekorieren und in 9 gleich große Stücke schneiden.

7 Bars im Kühlschrank lagern, damit die Ganache nicht zerläuft.

Für die Füllung wird nur der feste Teil aus der Kokosmilch-Dose benötigt. Dieser wird im Kühlschrank fest und trennt sich von dem Kokoswasser.

Statt der Ganache kann auch einfach geschmolzene Schokolade genommen werden. Hierzu etwa 100 g Zartbitterschokolade mit einem Schuss Pflanzenmilch im Wasserbad schmelzen und auf die fest gewordene Masse gießen. Die Schokolade fest werden lassen und anschließend in Stücke schneiden.

VEGANES TIRAMISU
MIT CASHEW-MASCARPONE

AUFLAUFFORM
ca. 30 x 20 cm

VORBEREITUNGSZEIT
10 Minuten

ZUBEREITUNGSZEIT
60 Minuten

GESAMTE ARBEITSZEIT
70 Minuten

Es gibt Rezepte, bei denen eine vegane Alternative schwer vorstellbar ist. Zu diesen Rezepten zählt vermutlich auch Tiramisu, dessen Hauptzutaten Löffelbiskuit und eine Creme aus Mascarpone, Eigelb und Zucker sind. Mein Vater hat mir schon früh beigebracht, dass nichts unmöglich ist. An dieser Stelle hat er auf jeden Fall recht: Veganes Tiramisu aus fluffigem Biskuitteig und dem typischen Espresso-Amaretto-Aroma, einer Cashew-Mascarpone-Creme und reichlich Kakaopulver. Eine vegane Alternative, die dem Original verblüffend nahe kommt – auch ganz ohne tierische Zutaten.

Biskuitteig
250 g Mehl
170 g Zucker
1 Päckchen Vanillezucker
½ Päckchen Backpulver
½ TL Orangenabrieb, optional
⅓ TL Salz
75 ml Rapsöl
300 ml Sprudelwasser

Cashew-Mascarpone
200 g Cashewkerne
125 ml Pflanzenmilch
100 ml Agavendicksaft
30 ml Kokosöl, geschmolzen
¼ TL Salz
½ TL Vanille-Extrakt
1 TL Zitronensaft
200 ml vegane Schlagcreme
30 g Puderzucker
1 Packung Sahnesteif

Außerdem
300 ml starker Kaffee oder Espresso
3 EL Amaretto oder Bittermandelaroma
Kakaopulver zum Bestäuben

1 **Biskuitteig:** Backofen auf 180 Grad Ober- und Unterhitze vorheizen. Eine eckige Backform leicht einfetten. Mehl, Zucker, Vanillezucker, Backpulver, Orangenabrieb und Salz in einer Schüssel vermischen. Öl und Sprudelwasser hinzugeben und nur kurz zu einem Teig verrühren. In die Kuchenform verteilen und im Ofen 35 bis 45 Minuten backen, bis der Kuchen durch ist. Herausnehmen und abkühlen lassen. Kuchen mittig halbieren und zuschneiden, so dass er in eine Auflaufform passt. Optional kann man den Kuchen auch in Löffelbiskuit-Form schneiden.

2 Cashewkerne in heißem Wasser 20 Minuten einweichen. Kaffee zubereiten und mit Amaretto in einem tiefen Teller verrühren. Abkühlen lassen.

3 **Cashew-Mascarpone-Creme:** Cashewkerne absieben und in einen Mixer füllen. Pflanzenmilch, Agavendicksaft, Kokosöl, Salz, Vanille-Extrakt und Zitronensaft dazugeben. Alles zu einer cremigen Masse pürieren, in eine Schüssel füllen und beiseite stellen.

4 Vegane Schlagcreme mit Puderzucker und Sahnesteif mithilfe eines Handrührgeräts aufschlagen. Cashew-Mascarpone-Creme unterheben und bis zur Verwendung in den Kühlschrank stellen.

5 Biskuitkuchen kurz in die Kaffee-Mischung tunken und auf den Boden einer Auflaufform verteilen. Etwa die Hälfte der Creme darauf legen und glattstreichen. Wieder eine Schicht getränkten Biskuitkuchen darauf verteilen und mit der restlichen Creme den Kuchen bedecken. Tiramisu abdecken und für einige Stunden, besser über Nacht, im Kühlschrank durchziehen lassen.

6 Kurz vor dem Servieren großzügig mit Kakaopulver bestäuben.

ZITRONENKUCHEN
MIT SÜSSER ZITRUSGLASUR

BACKFORM
20 cm Kastenform

VORBEREITUNGSZEIT
10 Minuten

ZUBEREITUNGSZEIT
50 Minuten

GESAMTE ARBEITSZEIT
60 Minuten

Ich muss zugeben, dass Zitronenkuchen lange nicht zu meinen Favoriten zählte. Vielleicht liegt es daran, dass ich einen ziemlich langweiligen und trockenen Kuchen in Erinnerung hatte. Trotzdem habe ich dem beliebten Klassiker eine zweite Chance gegeben, und nachdem ich dieses Rezept probiert hatte, hat sich meine Sicht auf Zitronenkuchen komplett verändert. Endlich konnte ich nachvollziehen, was diesen simplen Kuchen so beliebt macht. Dieser Zitronenkuchen ist saftig und durch das angenehme Zitronenaroma leicht und lecker! Abgerundet wird der Kuchen mit einer süßen Zitrusglasur, die perfekt dazu passt. Der Zitronenkuchen ist der leckerste Beweis dafür, wie schmackhaft „einfach" sein kann!

Zitronenkuchen

250 ml Soja- oder Hafermilch
60 ml Zitronensaft
1 EL Apfelessig
125 ml Rapsöl
1 TL Vanille-Extrakt, optional
270 g Mehl
30 g Speisestärke oder mehr Mehl
150 g Zucker
2 TL Backpulver
1 EL Zitronenabrieb
½ TL Salz

Zitrusglasur

120 g Puderzucker
30 ml Zitronensaft
2 EL Agavendicksaft

1 Ofen auf 180 Grad Ober- und Unterhitze vorheizen. Die Backform leicht einfetten und mit Backpapier auslegen.

2 In einer Schüssel Sojamilch, Zitronensaft, Apfelessig, Öl und Vanille-Extrakt verrühren. Mehl, Speisestärke, Zucker, Backpulver, Zitronenabrieb und Salz vermischen und in die flüssige Masse unterrühren. Kurz zu einem glatten Teig verrühren. Anschließend in die Backform verteilen.

3 Im Ofen etwa 45 bis 50 Minuten backen, bis der Kuchen durch ist und ein Holzspieß beim Einstechen ohne flüssige Teigreste herauskommt. Danach herausnehmen und auf einem Kuchengitter komplett auskühlen lassen.

4 Für die Kuchenglasur Puderzucker in eine Schüssel sieben. Zitronensaft und Agavendicksaft hinzugeben und alles glatt rühren. Danach über den abgekühlten Zitronenkuchen verteilen und servieren.

PEANUT BUTTER BLONDIE BARS

BACKFORM
20 x 20 cm Brownie-Form

VORBEREITUNGSZEIT
20 Minuten

ZUBEREITUNGSZEIT
55 Minuten

GESAMTE ARBEITSZEIT
75 Minuten

Die helle Variante eines Brownies mit extra Peanut-Butter! Diese leckeren Blondie Bars sind saftig, fudgy (schlotzig) und schmecken herrlich nach Erdnuss! Wenn du Brownies magst, dann solltest du diese Blondies unbedingt testen! Sie sind einfach gemacht und perfekt zum Teilen mit Familie und Freunden.

Leinsameneier

2 EL Leinsamen, geschrotet

6 EL Wasser

Blondie Bars

200 g Mehl

1 TL Backpulver

½ TL Salz

100 g pflanzliche Margarine

50 g Erdnussmus *

200 g brauner Zucker

1 TL Vanille-Extrakt

80 ml Pflanzenmilch

50 g Apfelmus

80 g Zartbitter-Schokoladen-drops

1 Für die Leinsameneier Leinsamen mit Wasser in einer kleinen Schale verrühren, beiseitestellen und etwa 10 Minuten quellen lassen.

2 Ofen auf 180 Grad Ober- und Unterhitze vorheizen. Die Backform leicht einfetten und mit Backpapier auslegen.

3 Mehl, Backpulver und Salz in einer großen Rührschüssel vermischen.

4 Pflanzliche Margarine und Erdnussmus in einem Topf erwärmen, bis alles vollständig geschmolzen ist. Zucker und Vanille-Extrakt einrühren. Die Mischung zusammen mit der Pflanzenmilch, den Leinsameneiern und dem Apfelmus in die Mehl-Mischung geben und kurz verrühren. 50 g der Schokoladendrops unterheben.

5 Teig in die Backform verteilen und mit einem Teigschaber glatt streichen. Mit den restlichen Schokoladendrops bestreuen.

6 Im Ofen etwa 20 bis 35 Minuten backen, bis ein Holzspieß oder Messer beim Einstechen ohne flüssige Teigreste herauskommt. Danach aus dem Ofen nehmen und mindestens 1 Stunde auskühlen lassen. Zum Schluss in 9 gleich große Stücke schneiden und servieren.

* Wenn du es lieber ohne Erdnuss magst, kannst du diese weglassen und dafür mehr pflanzliche Margarine verwenden.

SCHOKO-BANANENBROT

BACKFORM
20 cm Kastenform

VORBEREITUNGSZEIT
10 Minuten

ZUBEREITUNGSZEIT
50 Minuten

GESAMTE ARBEITSZEIT
60 Minuten

Der bekannte Anja-Klassiker durfte in diesem Kochbuch nicht fehlen. Denn jeder von uns benötigt das eine Rezept für DAS Bananenbrot. Ein „Geht-und-gelingt-immer"-Rezept. Und hier ist es: Das wohl leckerste und einfachste Schoko-Bananenbrot. Ob als Geburtstagskuchen, Mitbringsel für einen Tag mit Freunden oder als genussvolle Atempause im Alltag. Dieses Bananenbrot ist immer eine gute Idee und ein echtes Wohlfühl-Rezept.

75 ml Soja- oder Hafermilch
60 ml Rapsöl
50 g Zucker
1 EL Apfelessig
1 TL Vanille-Extrakt, optional
200 g Mehl
10 g Backpulver
45 g Backkakao
½ TL Salz
400 g reife Bananen (ca. 3–4 Bananen)

Außerdem

50 g Schokoladendrops, zartbitter

1 Ofen auf 180 Grad Ober- und Unterhitze vorheizen. Die Backform leicht einfetten.

2 In einer Schüssel Sojamilch, Öl, Zucker, Apfelessig und Vanille-Extrakt verrühren. Mehl, Backpulver, Backkakao und Salz vermischen und in die flüssige Masse unterrühren. Die Bananen mit einer Gabel fein zerdrücken und hinzugeben. Kurz zu einem glatten Teig verrühren. Teig in die Backform gießen und die Schokoladendrops über den Teig verteilen.

3 Im Ofen etwa 45 bis 50 Minuten backen, bis der Kuchen durch ist und ein Holzspieß beim Einstechen ohne flüssige Teigreste herauskommt. Danach herausnehmen und auf einem Kuchengitter komplett auskühlen lassen. Anschließend aus der Form nehmen.

BLÄTTERTEIG-APFEL-PUDDING-TASCHEN MIT VANILLESAUCE

PORTIONEN
8 Blätterteigtaschen

VORBEREITUNGSZEIT
25 Minuten

ZUBEREITUNGSZEIT
20 Minuten

GESAMTE ARBEITSZEIT
45 Minuten

Wusstest du, dass fertiger Blätterteig aus dem Kühlregal auch vegan sein kann? Hier lohnt sich der Blick auf die Zutatenliste. Ich backe zwar gerne selbst, greife hin und wieder aber auch zu der fertigen Variante aus dem Supermarkt, um daraus schnell und einfach ein leckeres Dessert zu zaubern. Zum Beispiel Blätterteigtaschen mit süß-zimtiger Apfel-Pudding-Füllung. Das Highlight: Eine selbst gemachte cremige Vanillesauce, die innerhalb weniger Minuten zubereitet ist.

Blätterteigtaschen

- 1 Packung Blätterteig (270 g)
- 2 kleine Äpfel, geschält und klein gewürfelt
- 1 EL Zitronensaft
- 1 TL Zimtpulver
- 25 g brauner Zucker
- ½ Päckchen Vanillezucker
- 25 ml Apfelsaft
- 20 g Vanillepudding-Pulver
- Pflanzliche Margarine/ Pflanzenmilch zum Bestreichen
- Mandelblättchen
- Brauner Zucker

Vanillesauce

- 75 g Cashewkerne* eingeweicht
- 70 ml Pflanzenmilch
- 15 ml Agavendicksaft
- 1 TL Vanille-Extrakt
- ¼ TL Salz

1 Ofen auf 180 Grad Ober- und Unterhitze vorheizen. Ein Backblech mit Backpapier auslegen. Blätterteig nach Packungsanweisung vorbereiten.

2 Eine Pfanne erwärmen. Geschälte Apfelwürfel mit Zitronensaft, Zimtpulver, Zucker und Vanillezucker hineingeben und bei mittlerer Hitze etwa 5 Minuten andünsten. Apfelsaft mit Puddingpulver glatt rühren und dazugeben. Kurz aufkochen lassen und vom Herd nehmen.

3 Blätterteig in 8 gleich große Rechtecke schneiden. Die Ränder jeweils mit Pflanzenmilch bestreichen und die obere Hälfte jedes Rechtecks mit einem Messer ein paar Mal einschneiden.

4 Auf die untere Hälfte etwa 1 EL der Apfel-Pudding-Füllung verteilen. Die obere Hälfte darüber klappen und den Rand mit einer Gabel festdrücken. Apfeltaschen mit Pflanzenmilch oder pflanzliche Margarine bestreichen und mit Mandelblättchen und braunem Zucker bestreuen.

5 Im Ofen etwa 20 Minuten goldgelb backen.

6 Für die Vanillesauce Zutaten zu einer cremigen Sauce pürieren. Nach Bedarf mehr Pflanzenmilch hinzugeben.

7 Apfeltaschen mit Vanillesauce servieren.

* *Alternativ 75 g Cashewmus + 50 ml Pflanzenmilch*

KÄSEKUCHEN
MIT MANDARINEN

BACKFORM
20 cm Springform

VORBEREITUNGSZEIT
20 Minuten

ZUBEREITUNGSZEIT
70 Minuten

GESAMTE ARBEITSZEIT
90 Minuten

Ich habe es geliebt, wenn meine Mama Freitagabend in der Küche stand und einen Kuchen für das Wochenende vorbereitete. Ganz besonders, wenn es ein Käsekuchen war. Mein Lieblingskuchen und alljähriger Geburtstagskuchen – meine Mama musste mich gar nicht mehr danach fragen, welcher Kuchen es werden darf. Am liebsten mochte ich ihn mit süß-saftigen Mandarinen! Auch heute noch – nur ohne die klassischen Zutaten wie Quark, Eier, Sahne oder Milch. Ein Käsekuchen lässt sich tatsächlich einfach vegan backen und das Ergebnis kann auf jeden Fall mithalten!

Mürbeteig

200 g Mehl
75 g Zucker
6 g Backpulver
¼ TL Salz
⅓ TL geriebene Orangenschale
½ TL Vanille-Extrakt oder ½ Päckchen Vanillezucker
75 g pflanzliche Margarine, kalt
2 EL Pflanzenmilch, optional

Füllung

100 g pflanzliche Margarine
1 Päckchen Vanillepudding-Pulver (37 g) *
75 g Zucker
100 ml Soja Cuisine
500 g veganer Quark oder Skyr
2 EL Zitronensaft
350 g Mandarinen (aus der Dose), (je 175 g Abtropfgewicht)
Mehl zum bestäuben

Außerdem

Puderzucker

1 Ofen auf 170 Grad Ober- und Unterhitze vorheizen. Backform leicht einfetten und den Boden mit Backpapier auslegen.

2 Zutaten für den Mürbeteigboden zu einem Teig verkneten, gleichmäßig in die Backform drücken und einen hohen Rand formen. Dann in den Kühlschrank stellen. *

3 Pflanzliche Margarine in einem Topf kurz erwärmen und leicht auskühlen lassen. In einer kleinen Schale Puddingpulver, Zucker und Soja Cuisine glatt rühren. Pflanzliche Margarine, veganen Quark, Zitronensaft und angerührtes Puddingpulver in eine große Schüssel geben und mit einem Handrührgerät cremig mixen.

4 Mandarinen abtropfen lassen und mit etwas Mehl bestäuben. Die Hälfte der Mandarinen auf den Kuchenboden verteilen. Creme darauf gießen und glattstreichen. Restliche Mandarinen auf die Creme verteilen. Im Ofen 70 Minuten backen.

5 Kuchen bei ausgeschaltetem Ofen und leicht geöffneter Tür 15 Minuten stehen lassen, herausnehmen und komplett auskühlen lassen. Zum Festwerden einige Stunden oder über Nacht in den Kühlschrank stellen.

6 Zum Servieren aus der Form lösen, mit Puderzucker bestäuben und den Kuchen in Stücke schneiden.

* Statt Vanillepudding Pulver kann dieselbe Menge Stärkemehl und 1 TL Vanille-Extrakt verwendet werden.

Alternativ den Teig in Folie einwickeln und 30 Minuten kalt stellen. So lässt er sich einfacher verarbeiten.

KOKOSBÄLLCHEN „RAFFAELLO & BOUNTY“-STYLE

PORTIONEN
20 Portionen

VORBEREITUNGSZEIT
10 Minuten

ZUBEREITUNGSZEIT
60 Minuten

GESAMTE ARBEITSZEIT
70 Minuten

Kokosliebhaber aufgepasst: Kennst du diese leckeren Kokos-Sommerpralinen oder Kokosriegel mit Schokoladenüberzug? Wenn du sie genauso sehr magst wie ich, dann wirst du diese veganen Varianten mit Sicherheit lieben. Die Kokosbällchen sind nicht nur lecker, sondern auch einfach zu machen. Du benötigst nur 4 Zutaten. Sie sind der perfekte gesunde Snack für zwischendurch, eine tolle Geschenkidee und werden dich, deine Familie und Freunde mit Sicherheit begeistern.

400 ml Kokosmilch, davon die Kokoscreme

125 g Kokosraspel

50 g Agavendicksaft

½ TL Vanille-Extrakt

Raffaello-Variante

Ganze Mandeln, geschält

Kokosrapsel, zum Wälzen

Bounty-Variante

150 g Zartbitterschokolade

Kokosraspel

1 Kokosmilchdose für einige Stunden in den Kühlschrank stellen. Die Dose dabei nicht schütteln*. Danach aus dem Kühlschrank nehmen und mithilfe eines Löffels die feste Kokoscreme herausnehmen und in einen Mixer füllen. Kokosrapsel, Agavendicksaft und Vanille-Extrakt dazugeben. Pürieren und die Masse in einer Schüssel für einige Minuten in das Gefrierfach stellen, damit die Masse fester wird und sich einfacher formen lässt. Die Hände anfeuchten und aus der Masse 20 Bällchen formen.

2 Für die Raffaello-Variante eine Mandel in jedes Bällchen stecken und in den Kokosrapseln wälzen.

3 Für die Bounty-Variante die geformten Bällchen zunächst im Gefrierfach 20 bis 30 Minuten fest werden lassen. Die Schokolade in Stücke brechen und in einem Wasserbad schmelzen. Einen Teller mit Backpapier auslegen. Die fest gewordenen Bällchen anschließend mithilfe von zwei Gabeln in die flüssige Schokolade tauchen und auf den Teller legen. Mit Kokosrapseln bestreuen und im Kühlschrank fest werden lassen.

Für die Bällchen wird nur der feste Teil aus der Kokosmilchdose benötigt. Dieser wird im Kühlschrank fest und trennt sich von dem Kokoswasser.

TASSENKUCHEN
MIT ZIMT & ZUCKER

PORTIONEN
2 Tassenkuchen

VORBEREITUNGSZEIT
5 Minuten

ZUBEREITUNGSZEIT
5 Minuten

GESAMTE ARBEITSZEIT
10 Minuten

Fluffiger Kuchen mit Zimt und Zucker – zubereitet in 10 Minuten und direkt aus einer Tasse genießen. Oh ja, so lecker! Manchmal haben wir doch alle Lust auf einen kleinen Kuchen zwischendurch, ohne dafür groß zu backen, oder? Da ist dieser Tassenkuchen die perfekte Lösung, entweder zum alleine genießen oder zum Teilen! Man benötigt nur simple Zutaten und es erfordert kaum Aufwand! Der süß-zimtige Tassenkuchen ist perfekt für eine Atempause zwischendurch. Am besten noch warm aus der Mikrowelle und mit einer Kugel Eis genießen!

Zimt-Zucker

½ TL Zimtpulver

1 EL Zucker

Tassenkuchen

70 g Mehl

1 EL Zucker

⅓ TL Backpulver

⅓ TL Zimtpulver

1 Banane, zerdrückt

50 ml Pflanzenmilch

1 EL Nussmus oder geschmolzene pflanzliche Margarine

½ TL Vanille-Extrakt, optional

1 Zwei kleine mikrowellengeeignete Tassen leicht einfetten. In einer kleinen Schale Zimtpulver und Zucker vermischen.

2 In einer Schüssel Mehl, Zucker, Backpulver und Zimtpulver vermischen. Die restlichen Zutaten hinzugeben und zu einem Teig verrühren.

3 Je 1 EL Teig in die Tassen füllen und etwas von der Zimt-Zucker-Mischung darauf verteilen. Wieder 1 EL Teig in die Tasse dazugeben und mit Zimt-Zucker bestreuen. Weiter schichten, bis der Teig aufgebraucht ist. Die letzte Schicht sollte der Zimt-Zucker sein.

4 Etwa 60 bis 90 Sekunden in der Mikrowelle (800 Watt) backen. Am besten in 30-Sekunden-Intervallen, damit der Teig nicht überquillt.

5 Aus der Mikrowelle nehmen und vor dem Servieren kurz abkühlen lassen.

SÜSSE SCHOKO-ORANGEN-POLENTA

PORTIONEN
3 kleine Dessertschälchen

VORBEREITUNGSZEIT
5 Minuten

ZUBEREITUNGSZEIT
10 Minuten

GESAMTE ARBEITSZEIT
15 Minuten

Ich wusste schon immer, dass Obst sich wunderbar mit Schokolade kombinieren lässt. Aber Schokolade zusammen mit Orange hat es mir besonders angetan. Ein leicht herber Schokoladengeschmack kombiniert mit der leicht fruchtigen Säure der Orange verpackt in einem süßen Polenta-Dessert. Schnell und einfach vorbereitet und unheimlich lecker!

1 Päckchen Vanillepudding-Pulver (37 g)

1 Orange, ausgepresst (ca. 100 ml)

+ geriebene Orangenschale zum Garnieren

350 ml Pflanzenmilch

4 EL Agavendicksaft

75 g Polenta (Maisgrieß)

2 EL Kakaopulver

1 TL geriebene Orangenschale

1 EL Nussmus, optional

Außerdem

3 TL Orangenmarmelade

½ Orange, klein geschnitten

Geriebene Orangenschale

Schokoladenstreusel

1 In einer kleinen Schale Puddingpulver und Orangensaft glatt rühren. Die Pflanzenmilch mit Agavendicksaft in einen Topf geben und aufkochen. Sobald es kocht, den Herd auf mittlere Stufe stellen und langsam das angerührte Puddingpulver einrühren. Polenta hinzugeben und stetig weiterrühren, bis die Masse andickt. Kakaopulver, geriebene Orangenschale und optional Nussmus (für eine cremigere Konsistenz) einrühren. Danach vom Herd nehmen und leicht auskühlen lassen.

2 Dessertschälchen mit kaltem Wasser ausspülen. Polenta hineinfüllen und komplett auskühlen lassen. Im Anschluss über Nacht in den Kühlschrank stellen.

3 Mit einem Messer vorsichtig den Rand entlang schneiden und auf einen Teller stürzen. Je 1 TL Orangenmarmelade darauf verteilen und mit Orangenstückchen, geriebener Orangenschale und Schokoladenstreusel garnieren.

FLUFFIGE ZIMTSCHNECKEN
MIT APFEL-NUSS-FÜLLUNG & CREAM CHEESE FROSTING

PORTIONEN
12 Zimtschnecken

VORBEREITUNGSZEIT
115 Minuten

ZUBEREITUNGSZEIT
20 Minuten

GESAMTE ARBEITSZEIT
135 Minuten

Die leckersten Zimtschnecken aus fluffigem Hefeteig, süß-zimtiger Apfel-Nuss-Füllung und abgerundet mit einem cremigen Frischkäse-Frosting. Purer Genuss – einfach gemacht. Genieße die selbst gemachten Zimtschnecken als Soulfood-Dessert oder als süßes Frühstück am Wochenende.

Hefeteig

250 g Mehl
40 g Zucker
2 TL Zimtpulver
1 Prise Salz
125 ml Soja- oder Hafermilch
25 g pflanzliche Margarine
½ TL Vanille-Extrakt
½ Hefewürfel
pflanzliche Margarine, zum Einstreichen

Füllung

2 EL pflanzliche Margarine
2 EL Dattelsirup, oder anderen Sirup
2 TL Zimtpulver
2 kleine Äpfel, klein geschnitten
50 g gehackte Nüsse, zum Beispiel Mandeln

Frosting

150 g veganen Frischkäse
50 g pflanzliche Margarine
200 g Puderzucker
½ TL Vanille-Extrakt

1 Mehl, Zucker, Zimtpulver und Salz in einer Schüssel vermischen. Sojamilch mit pflanzliche Margarine und Vanille-Extrakt lauwarm erwärmen, Hefe darin auflösen. In die Mehlmischung einrühren und 10 Minuten zu einem elastischen Teig verkneten. Schüssel mit einem feuchten Tuch abdecken und 60 Minuten an einem warmen Ort ruhen lassen.

2 Pflanzliche Margarine, Dattelsirup und Zimtpulver in einem Topf erwärmen, bis die Margarine geschmolzen ist. Äpfel und Nüsse hinzugeben, alles miteinander verrühren und beiseitestellen.

3 Eine Ofenform leicht einfetten. Hefeteig auf einer bemehlten Arbeitsfläche zu einem Rechteck ausrollen. Füllung gleichmäßig darauf verteilen und längs aufrollen. Die Teigrolle in 12 gleich große Stücke schneiden. Das klappt mit einem scharfen Messer oder einem Bindfaden am besten. Schnecken in der Ofenform platzieren und abgedeckt weitere 30 Minuten an einem warmen Ort ruhen lassen.

4 Ofen auf 180 Grad Ober- und Unterhitze vorheizen. Zimtschnecken mit geschmolzener Margarine einstreichen und 20 Minuten goldgelb backen.

5 Für das Frosting alle Zutaten in einer Schüssel mit einem Handrührgerät cremig mixen. Warme Zimtschnecken mit dem Frosting servieren.

Tipp: Du kannst die Zimtschnecken auch mit der selbst gemachten Vanillesauce servieren (Rezept Seite 139).

REGISTER

DANKSAGUNG

Mit einem Lächeln auf den Lippen und einem Herz voller Dankbarkeit und Liebe schreibe ich nun die Danksagung für mein erstes eigenes Kochbuch. Natürlich, denn das bin ich, steht auch neben mir ein großer Kaffee mit luftigem Soja-Schaum.

Fünf Jahre ist es her, genau am 19.10.2015, dass ich meinen ersten Post auf Instagram, eine Pita-Tasche mit der Bildunterschrift „Recoverywin" („Erfolg auf dem Heilungsweg"), veröffentlicht habe. Das war der Tag, an dem für mich eine neue Reise begann, die Reise, die mich auch an diesen wunderbaren Punkt, die Veröffentlichung meines Kochbuchs, geführt hat.

Es ist eine Sache einen Traum zu haben und sich etwas vorzustellen, aber es ist eine ganz andere, diesen mit all den Höhen und Tiefen auch umzusetzen. Nun ist mein Traum vom eigenen Kochbuch Wirklichkeit geworden und ich danke allen Involvierten für die großartige Unterstützung bei der Umsetzung.

Als Erstes möchte ich DIR dafür danken, dass du dieses Buch gelesen hast. Ich hoffe, es hat dir gefallen und du konntest ein neues Lieblingsrezept entdecken und wirst noch viele weitere ausprobieren.

Ich danke meiner Community, die mich auf Instagram, meinem Blog und damit meiner Reise mit allen ihren Umwegen begleitet. Danke für den Mut und die Unterstützung. Danke, dass ihr die Rezepte testet, sie mit euren Lieben teilt, für das Feedback und eure Nachrichten.

Ihr seid ein ganz besonderer Teil meiner Geschichte und eröffnet mir so viele neue Möglichkeiten. Möglichkeiten wie dieses Kochbuch.

Ein ganz besonderer Dank geht an meinen Freund Marlon. Es gibt nicht genug Worte, um deine Unterstützung für mich zu beschreiben. Du bist ein Rezepttester, Berater bei allen Fragen, Lebensmitteleinkäufer und dann räumst du am Ende des Tages auch noch die Küche für mich auf. Du bist der beste Freund, den ich mir an meiner Seite nur vorstellen kann. Danke, dass du an mich glaubst, ganz besonders in den Momenten, in denen ich es nicht tue.

Danke an meine Eltern, die immer für mich da sind und mit Rat und Tat an meiner Seite stehen und mir von klein auf beigebracht haben: Nichts ist unmöglich. Unsere gemeinsame kulinarische Reise in die Vergangenheit war die Basis von so vielen Rezepten aus diesem Buch. Meine Mutter hat viele Stunden mit mir an den polnischen Rezepten gefeilt. Ich danke dir – du bist meine größte Inspiration.

Danke an meine wunderbare Familie, die mit viel Geduld immer wieder meine Rezepte probiert hat. Euer ehrliches Feedback war essentiell für die Umsetzung des Buches, besonders Marion, die Mutter meines

Freundes, war jederzeit bereit, meine Rezepte auf Herz und Nieren zu prüfen.

Danke an meine Freunde, die mich bei der Umsetzung als Leser, Rezepttester oder Mutmacher unterstützt haben. Besonderer Dank gilt Ronja @miss_gruenkern, die mir bei der Entscheidung, dieses Buch umzusetzen, Mut zugesprochen hat und meiner lieben Freundin Magdalena, die an alles glaubt, was ich tue. Ihr seid für mich etwas ganz Besonderes.

Ein großes Danke an das Team von 31Media und den ZS Verlag, für die professionelle Unterstützung, für die gestalterischen Freiheiten und die Umsetzung der vielen liebevollen Details, die mir so wichtig sind. Ihr seid ein großartiges Team! Besonders Steffi hat mich so sehr bei der Gestaltung des Buchs unterstützt. Dank euch hatte ich auch ein großartiges Fotoshooting in Berlin, ihr habt es mir ermöglicht, dass ich bei dieser neuen Erfahrung – ich einmal vor der Kamera – ganz ich selbst sein konnte.

Danke an Stephan Strauß von 31Media, der mir zu jeder Zeit und bei allen Fragen unterstützend zur Seite stand, und danke an Almuth Fischer (THF Marketing), die mich beim Schreiben unterstützte und Dinge in Worte fasste, wo ich es nicht konnte.

All das wäre ohne jeden von euch nicht möglich gewesen. **DANKE.**

IMPRESSUM

ZS VERLAG GmbH
Kaiserstraße 14b
D-80801 München

ISBN 978-3-96584-100-0

2. Auflage 2021

Projektleitung & Produktion: 31 Media GmbH, Stephan Strauß

Rezepte: Anja Romaniszyn

Texte: Anja Romaniszyn und Almuth Fischer | THF Marketing

Redaktionelle Mitarbeit: Isabella Thiel

Lektorat: Satzfabrik | Lisa Duhme

Grafisches Konzept, Layout & Satz: Stephanie Frantzius

Rezeptfotografie: Anja Romaniszyn

Porträtfotos: Ben Fuchs

Herstellung: Frank Jansen

Producing: Jan Russok

Druck & Bindung: aprinta druck GmbH, Wemding

Im Buch enthaltene Fotos können zur eigenen Nutzung erworben werden unter www.stockfood.de

Die ZS Verlag GmbH ist ein Unternehmen der Edel SE & Co. KGaA, Hamburg.

www.zsverlag.de | www.facebook.com/zsverlag